POLYGLOTT on tour

Island

W0052897

Die Autoren
Wolfgang Veit
arbeitet seit seinem Studium der
Politologie, Soziologie und Neues-
ten Geschichte vor allem als freier
Reisejournalist und Buchautor. Mit
Island beschäftigt er sich kontinu-
ierlich aus Begeisterung für die
grandiose Natur voller Kontrast und
die Freundlichkeit der Isländer.

Johannes M. Ehmanns
schreibt als passionierter Off-
Roader vor allem über nord- und
osteuropäische Länder für entsprechende Magazine. Island kennt er
seit 1994. Zusammen mit der
Island-Spezialistin Sabine Barth hat
er die karge und raue Natur der
Insel ausgiebig erkundet – zu Fuß
und im Jeep.

Reiseplanung

Land & Leute

Karten

Reiseplanung

Island im Überblick][Die schönsten
Touren][Klima & Reisezeit][Anreise][Reisen
im Land][Sport & Aktivitäten][Unterkunft

Island im Überblick

Reykjavík, die lebendige kleine Metropole Islands, Kultur- und Geschäftszentrum, steht für die meisten Besucher am Beginn ihrer Reise. Von der Hauptstadt aus lässt sich die Insel erobern, hier erhält man Informationen und findet Veranstalter für Touren und Tagesausflüge.

Ein klassischer Ausflug, der sog. Goldene Kreis, führt von Reykjavík in Richtung Osten zu einigen der berühmtesten landschaftlichen Attraktionen des Landes: nach **Þingvellir,** Wiege der isländischen Geschichte und Kultur, zum **Geysir** und seinem aktiven kleinen Nachbarn **Strokkur** und zum wunderschönen Wasserfall **Gullfoss.**

Nur wenig außerhalb des hauptstädtischen Ballungsraums zieht die faszinierende Vulkanlandschaft der südwestlich gelegenen Halbinsel **Reykjanes** Besucher in ihren Bann.

Fährt man auf der Ringstraße Nr 1 – dem Hauptverkehrsweg der Insel – Richtung Norden, gelangt man in den vielfältigen **Westen** mit der Halbinsel **Snæfellsnes** und den tatzenförmig ins Meer ragenden **Westfjorden,** eine raue Region von ganz eigener herber Schönheit mit steilen Felsklippen, grünen Berghängen und verlassenen Höfen. Im Westen lebte im 11. Jh. der bedeutende Politiker und Autor Snorri Sturluson. Das Gebiet ist Schauplatz einiger bedeutender Sagas – und hier wurde der große Seefahrer Leifur Eiríksson (970–1020) geboren.

Im Westteil des isländischen **Nordens** sind Landwirtschaft und vor allem Pferdezucht verbreitet, weiter östlich liegt die Hauptstadt des Nordens, **Akureyri.** Nicht weit entfernt lassen sich etliche historisch interessante Orte erkunden, z.T. mit spannenden Museen. Zu den Besuchermagneten dieser Region gehören der berühmte »Mückensee« **Mývatn** mit seiner einzigartigen Vulkanlandschaft und großen Wasservogelkolonien sowie der Hafenort **Húsavík,** wo sich alles um Wale und die Beobachtung der Meeressäuger dreht.

Zum **Osten** gehören die nördliche Fjordlandschaft und der Ostteil des größten Gletschers in Europa, **Vatnajökull,** der mit seiner majestätischen Eiskappe die angrenzende Küsten- und Berglandschaft prägt.

Islands wohl berühmtester Geysir: der Strokkur im Haukadalur

Zwischen dem mächtigen Vatnajökull und Reykjavík erstreckt sich der **Süden,** eine Region, die zu Recht mit dem Schlagwort Vielfalt für sich wirbt. Großartige Erlebnisse für Naturliebhaber sind eine Bootsfahrt auf der Gletscherlagune Jökulsárlón und ausgedehnte Wanderungen im Skaftafell-Nationalpark, der neben Teilen des Vatnajökull auch die eindrucksvolle Lavalandschaft der Lakagígar umfasst. Im Anschluss durchquert man riesige schwarze Sanderflächen, durchzogen von den breiten Abflüssen der Gletscher, weiter westlich wird es immer grüner: Hier liegt Islands wichtigstes Landwirtschaftsgebiet. Zugleich finden sich hier kulturhistorisch interessante Stätten wie der Bischofssitz Skálholt oder die Handlungsorte der bekannten Njáls saga. Von Þórlarkshöfn gelangt man auf die Inselgruppe **Vestmannaeyar** mit ihrer einzigen bewohnten Insel **Heimaey.** Dort sieht man noch heute die eindrucksvollen Lavamassen des 1973 ausgebrochenen Vulkans Eldfell.

Das **Hochland** zeigt sich als menschenleere Wildnis aus weiten Geröll- und Lavafeldern mit Gletschern und markanten Bergen – eine Herausforderung für erfahrene Allradfahrer, Mountainbiker und Wanderer. Mehrere Pisten in Nord-Süd-Richtung durchziehen die Ödnis, wie der **Kjalvegur,** der an dem Gebirge **Kerlingarfjöll** vorbeiführt. Hier sprudeln heiße Quellen in unmittelbarer Nachbarschaft zu großen Schneefeldern, umgeben von steilen Liparitbergen. Weiter östlich liegt die gewaltige Caldera Askja.

Aktiv- oder Kulturreise?

Für alle, die aktiv und etwas abenteuerlich reisen wollen, ist Island geradezu ideal. Wanderer, Mountainbiker oder Geländewagenfahrer finden reichlich Raum und Wege für ihre Unternehmungen. Wer gerne wandert, kann sich Tagestouren oder mehrwöchige Treks vornehmen, je nach Erfahrung und Kondition. Reizvolle Tageswanderungen bieten sich an vielen Orten an, so dass sich das Naturerlebnis immer wieder kombinieren lässt mit Busfahrten oder Schiffsausflügen. Beliebte Gebiete finden sich im Hochland bei Hveravellir oder Landmannalaugar und im Nordwesten. An der Ringstraße liegen z.B. Skaftafell oder Skógar, wo es markierte Wanderwege gibt. Daneben kann man Raftingtouren auf den Gletscherflüssen unternehmen, auf Islandpferden reiten oder mit dem Schneemobil die Gletscher erkunden.

Doch genauso reizvoll ist eine kulturgeschichtliche Reise durch das Land. Auf den Spuren von Sagagestalten erschließt sich die Landschaft sehr gut. Zahlreiche Museen zeigen, wie hart das Leben der früheren Bauern und Fischer im Land war. Um Island noch besser zu verstehen, bieten sich auch Besuche in den Kraftwerken an. Zum einen erfährt man, wie die geothermische Energie und die Wasserkraft genutzt werden, zum anderen stehen einige dieser Werke in geologisch interessanten Gebieten wie z.B. Krafla.

Die schönsten Touren

Rund um Island in drei Wochen

① **Reykjavík > Þorlákshöfn > Heimaey > Eyrarbakki > Stokk-seyri > Selfoss > Kirkjubæjarklaustur > Skaftafell > Höfn > Egils-staðir > Myvátn > Akureyri > Blönduós (> Borgarnes) > Reykjavík**

Distanzen:

Reykjavík > Þorlákshöfn 57 km; **Þorlákshöfn > Heimaey** 3 Std. Fähre; **Þorlákshöfn > Eyrarbakki > Stokksseyri > Selfoss** ca. 45 km; **Selfoss > Kirkjubæjarklaustur** ca. 200 km; **Kirkjubæjarklaustur > Skaftafell** ca. 70 km; **Skaftafell > Höfn** ca. 130 km; **Höfn > Egils-staðir** ca. 250 km; **Egilsstaðir > Myvátn** 170 km; **Myvátn > Aku-reyri** ca. 100 km; **Akureyri > Blönduós** ca. 160 km (**Akureyri > Bor-garnes** ca. 315 km); **Blönduos > Reykjavík** ca. 250 km (**Borgarnes > Reykjavík** ca. 75 km)

Verkehrsmittel:

Da eine 1900 km lange Ringstraße um die Insel herumführt, ist die Tour sehr individuell gestaltbar und sowohl mit dem Auto als auch per Bus machbar. Wer den eigenen Pkw mitbringt, beginnt die Fahrt im Osten, in Seyðisfjörður: Dort legt die Autofähre aus Däne-mark an. Das größte Mietwagenangebot gibt es in Reykjavík bzw. am Flughafen Kevlavík. Es ist auch möglich, von Reykjavík in einen der größeren Orte zu fliegen – Höfn, Egilsstaðir oder Akureyri – und dort einen Wagen zu leihen. Im Sommer befahren Busse täg-lich die komplette Ringstraße **>** S. 16. Von etlichen Stationen aus gibt es weiterführende Regionalverbindungen zu kleineren Orten. Man kann an jedem Punkt ein- und aussteigen. Buspässe **>** S. 16.

Für ****Reykjavík >** S. 45 mit seinen Sehenswürdigkeiten und den Aus-flugsmöglichkeiten ins Umland wie ****Þingvellir >** S. 54, ****Gullfoss >** S. 57, ***Geysir >** S. 57 und Reykjanes mit der ****Blauen Lagune >** S. 62 sollten Sie vier Tage veranschlagen.

Anschließend brechen Sie gen Südosten auf und besteigen in **Þor-lákshöfn >** S. 119 die Fähre nach **Heimaey >** S. 122, der größten der ****Westmänner-Inseln >** S. 122, die Sie zwei Tage erkunden. Am sieb-ten Reisetag nehmen Sie die Fähre zurück nach Þorlákshöfn und fahren über **Eyrarbakki >** S. 119 und **Stokkseyri >** S. 119 nach **Selfoss >** S. 118.

Unterwegs in Richtung Vatnajökull – mit einem grandiosen Panorama

Weiter geht es am nächsten Morgen über **Skógar › S. 116 mit dem Volkskundemuseum und **Vík** › S. 115 mit seinem schwarzen Strand nach **Kirkjubæjarklaustur** › S. 115. Von hier aus erkunden Sie am nächsten Tag per Jeep oder Bus die **Lavafelder um Laki** › S. 114, am übernächsten Tag geht es nach **Landmannalaugar** › S. 136, wo Sie wandern und in heißen Quellen baden können. Am elften Reisetag fahren Sie nach **Skaftafell** › S. 113; hier sollten Sie zwei Tage einplanen, um Zeit für Wanderungen im Nationalpark zu haben. Vorbei am Gletscher ***Vatnajökull** › S. 114 und der Gletscherlagune **Jökulsárlón** › S. 113 geht es am 13. Tag zum Übernachtungsstopp **Höfn** › S. 107.

Egilsstaðir › S. 103 an der Ostküste ist Aufenthaltsort für zwei Tage. Von dort können Sie die Hafenorte an den Fjorden im Osten besuchen.

Am 16. Tag fahren Sie auf der Ringstraße zum ***Mývatn** › S. 90 und verbringen dort die nächsten zwei Tage mit Wanderungen oder Ausflügen zum Wasserfall **Dettifoss** › S. 94 und zur **Ásbyrgi-Schlucht** › S. 94. Vorbei am *Goðafoss › S. 89 gelangen Sie am 18. Tag der Reise nach *Akureyri › S. 85, hier sollten Sie zwei Nächte bleiben.

Über die Straße Nr. 1 geht es am 20. Tag zum **Torfhof-Museum Glaumbær** › S. 99 und weiter zum Übernachtungsstopp **Blönduós** › S. 100. Wenn Sie das Museum nicht besuchen möchten, können Sie an diesem Tag noch nach **Borgarnes** › S. 69 weiterfahren und am nächsten Tag vor der kurzen Rückfahrt nach Reykjavík die Gegend um **Reykholt** › S. 70 und **Húsafell** › S. 70 mit den Wasserfällen von **Hraunfossar** › S. 70 erkunden.

Wer ab Borganes auch die **Westfjorde** › S. 75 bereisen möchte, muss dafür einige Tage extra einplanen, › Tour S. 12 »Der Westen in zwei Wochen«. Von Blönduós oder Borgarnes aus gelangen Sie am 21. Reisetag wieder zurück nach Reykjavík.

Der Westen in zwei Wochen:
Zwischen Hochland und Steilküste

② **Reykjavík ❯ Borgarnes ❯ Hellissandur ❯ Brjanslækur ❯**
Látrabjarg ❯ Ísáfjörður ❯ Hólmavík ❯ Húsafell ❯ Reykjavík

Distanzen:

Reykjavík ❯ Borgarnes ca. 75 km; **Borgarnes ❯ Hellissandur** ca.
130 km; **Hellissandur ❯ Stykkishólmur ❯ Brjanslækur** ca. 75 km
plus 2,5 Std. Fährfahrt; **Brjanslækur ❯ Látrabjarg** ca. 95 km; **Látra-**
bjarg ❯ Ísáfjördur ca. 230 km; **Ísáfjörður ❯ Hólmavík** ca. 220 km;
Hólmavík ❯ Húsafell ca. 210 km; **Húsafell ❯ Reykjavík** ca. 140 km

Verkehrsmittel:

Idealerweise unternimmt man diese Tour mit dem Auto. Bleibt
man auf den Hauptstrecken, kann man auch mit Bussen fahren,
doch dann muss man sehr gut planen: Einige Abschnitte, v.a. im
Nordwesten, werden nicht täglich befahren. Zwischen Stykkishólmur und Brjanslækur verkehrt die Autofähre »Baldur« ❯ S. 75.

Drei Tage widmen Sie ****Reykjavík** ❯ S. 45 und Umgebung. Am vierten
Tag der Reise geht es über **Akranes** ❯ S. 69 zum **Borgarfjörður** –alternativ können Sie über die Hochebene (Straße Nr. 520) fahren und direkt
weiter nach Reykholt. **Borgarnes** ❯ S. 69 ist ein hübscher Übernachtungsstopp. Am nächsten Tag fahren Sie auf die ****Snæfellsnes-Halb-**
insel ❯ S. 71, wo Strandspaziergänge und ein Gletscherausflug locken;
für die Erkundung des Nationalparks am Fuß des Snæfellsjökull-Gletschers empfiehlt sich **Hellissandur** ❯ S. 72 als Standquartier für zwei
Nächte. Am siebten Tag steuern Sie **Stykkishólmur** ❯ S. 74 an der Nordseite der Halbinsel an und nehmen dort die Nachmittagsfähre (Autofähre »Baldur«) in die Westfjorde. (Wer ohne Auto reist, kann einen
zusätzlichen Tag auf der autofreien **Insel Flatey** ❯ S. 75 verbringen.) Im
Fährhafen **Brjánslækur** ❯ S. 75 bleiben Sie über Nacht.

Einen ganzen Tag sollten Sie für die Fahrt zu den Vogelklippen bei
**Látrabjarg ❯ S. 76 einplanen. Ein Gästehaus bietet hier komfortable
Zimmer; am nächsten Tag schauen Sie sich auf der Fahrt nach Ísafjördur einen der schönsten Wasserfälle Islands, ****Dynjandi** ❯ S. 76, an. In
diesem Gebiet lohnen viele Abstecher in kleine Orte und Wanderungen
auf Berge oder entlang der Fjorde.

Von **Ísafjörður** ❯ S. 77, wo Sie zweimal übernachten, werden Boots-
fahrten nach **Hornstrandir** ❯ S. 78 oder auf die Inseln **Vigur** oder **Æðey**

angeboten. Eine gemütliche Fjordfahrt führt am 11. Tag nach **Hólmavík** › S. 79, wo Sie zwei Nächte bleiben; von hier lohnt der Abstecher nach **Djúpavík,** um die alte Heringsfabrik zu besichtigen.

Die Rückfahrt gen Süden erfolgt über die Straße Nr. 59 durch die Region **Dalír** mit Besuch von **Eiríksstaðir** › S. 75 – ehemaliger Wohnsitz von Erik dem Roten – und weiter auf der Nr. 60 zurück auf die Ringstraße. Die nächsten Ziele sind **Reykholt** › S. 70 und **Húsafell** › S. 70; in Húsafell kön-

Im vulkanischen Gebiet Hverir im Norden Islands

nen Sie übernachten und von hier den **Langjökull** erkunden. Wer einen Geländewagen und noch Zeit hat, kann dann die Hochlandpiste **Kaldidalur** in Angriff nehmen. Für den Rückweg nach Reykjavík empfiehlt sich die Straße Nr. 47 um den schönen Hvalfjörður.

Eine Woche im Hochland

─3─ Reykjavík › Geysir › Kerlingarfjöll › Hveravellir › Akureyri

Distanzen:
Reykjavík › **Geysir** ca. 100 km; **Geysir** › **Kerlingarfjöll** ca. 80 km; **Kerlingarfjöll** › **Hveravellir** ca. 40 km; **Hveravellir** › **Akureyri** ca. 210 km

Verkehrsmittel:
Für das Kerlingarfjöll braucht man einen Geländewagen, alle anderen Ziele sind mit dem Pkw erreichbar. Im Sommer gibt es auch Busverbindungen durchs Hochland › S. 126. Von Akureyri kann man nach Reykjavík zurückfliegen (Air Iceland).

Zunächst geht es von ****Reykjavík** › S. 45 über ****Þingvellir** › S. 54 zu ***Geysir** und ****Strokkur** › S. 57 und zum Wasserfall ****Gullfoss** › S. 57 mit Übernachtung am Geysir. Kurz hinter dem Gullfoss gelangen Sie am nächsten Tag auf die Hochlandstraße **Kjalvegur (Kjölur)** › S. 131. Mit dem Geländewagen ist ein Abstecher zum **Hvítárvatn** › S. 131 möglich, in den Gletscherzungen kalben. Das Gebirge **Kerlingarfjöll** › S. 131 mit Schneefeldern und brodelnden Schwefeltöpfen ist ein lohnendes Wandergebiet, deshalb sollten Sie hier zwei Tage einplanen. Im Kerlingarfjöll-Outdoorzentrum gibt es einfache Übernachtungsmöglichkeiten. Auf der Fahrt zum nächsten Stopp (zwei Nächte) ****Hvaravellir ›** S. 132 beeindrucken die Ausblicke in die Weite der Landschaft. In Hveravellir gibt es Wanderwege in die Lava oder auch bis zum Gletscher Langjökull. Faszinierend sind die heißen Quellen – inklusive Bademöglichkeit! Am sechsten Tag sollten Sie auf der Fahrt in den Norden einen Halt am Wasserkraftwerk **Blanda ›** S. 132 einplanen. Den Abschluss der Tour bildet ein kurzer Aufenthalt in ***Akureyri ›** S. 85.

Touren in den Regionen

Touren in der Region	Region	Dauer	Seite
Mit dem Fahrrad entlang der Küste	Reykjavík, Goldener Kreis und Reykjanes	1 Tag	41
Der Goldene Kreis	Reykjavík, Goldener Kreis und Reykjanes	2 Tage	43
Rund um die Halbinsel Reykjanes	Reykjavík, Goldener Kreis und Reykjanes	2 Tage	44
Zwischen Hvalfjörður und Húsafell	Der raue Westen	3 Tage	64
Auf der Halbinsel Snæfellsnes	Der raue Westen	2–3 Tage	65
Durch die Westfjorde	Der raue Westen	3 Tage	68
Rund um die Vatnses-Halbinsel	Akureyri und der Norden	1 Tag	81
Vom Skagafjörður nach Akureyri	Akureyri und der Norden	mind. 3 Tage	82
Wale und Wasserfälle	Akureyri und der Norden	1 Tag	84
Rund um den Lögurinn	Die Fjorde im Osten	1 Tag	102
Entlang der Fjorde nach Höfn	Die Fjorde im Osten	1 Tag	102
Im Bann des Gletschers	Der Süden	3 Tage	109
Von Vík zur Hekla	Der Süden	3 Tage	112
Von Selfoss nach Hveragerði	Der Süden	1 Tag	113
Die Nord-Süd-Pisten	Das Hochland	2 Tage	126
Der Öskuleið (F 88)	Das Hochland	2 Tage	128
Fjallabaksleið nyrðri (F208) und Landmannaleið (F 225)	Das Hochland	1 Tag	130

Klima und Reisezeit

Regen, Wind und Kälte sind keineswegs die einzigen Zutaten des isländischen Wetters. Zwar sorgen die aktive Westwinddrift und das berüchtigte Islandtief häufig für wechselhaftes Wetter und ausgeglichene Temperaturen (Sommer 15–20 °C, Winter um oder knapp unter 0 °C). Doch wenn es im Südwesten regnet, kann es im Nordosten durch Föhneffekte im Windschatten der Berge zur gleichen Zeit trocken sein – und um-

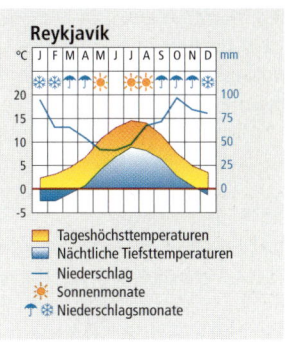

gekehrt. In Reykjavík regnet es mit 779 mm jährlich fast ein Viertel weniger als in München (946 mm). Die höchsten Niederschlagsmengen (über 4000 mm/Jahr) treten südlich der großen Gletscher auf.

Generell ist es in Südisland feuchter und wärmer als im Norden. Mehrtägige Hochdrucklagen mit trockenem, im Sommer über 20 °C warmem Wetter sind nicht selten. Mit Wind und unvermittelten Wetterwechseln muss aber immer gerechnet werden.

Hochsaison und Ferienzeit der Isländer ist von Anfang Juni bis Ende August. Das Wetter ist oft gut, es gibt fast rund um die Uhr Tageslicht. Flug- und Busverbindungen sind dicht, das Unterkunfts- und Freizeitangebot groß. Die Preise liegen um 20–30% höher als sonst. Im September wird es schon kälter, doch erlebt man eine farbenprächtige Herbstvegetation. Im Winter ist das Reisen witterungsbedingt und wegen der kurzen Helligkeitsperioden eingeschränkt. Reykjavík und Umgebung kann man gut auch von Herbst bis Frühling besuchen, nur um Weihnachten sind die Preise höher und einige Einrichtungen geschlossen.

Anreise

Per Flugzeug

Das dichteste Linienflugnetz unterhält Icelandair: Ganzjährig gibt es Direktflüge ab Berlin, Frankfurt, Amsterdam, Kopenhagen, London oder Salzburg, im Sommer zusätzliche Verbindungen (Tel. 0 69/29 99 78, www.icelandair.de). Auch Lufthansa (www.lufthansa.com) und Germanwings (www.germanwings.com) bieten Direktflüge an. Air Berlin (www.airberlin.com) fliegt im Sommer ab Düsseldorf und München mehrmals pro Woche. Mit dem Billigflieger Iceland Express kann man im Sommer mehrmals wöchentlich ab Frankfurt-Hahn, Friedrichshafen, Berlin-Schönefeld und Basel fliegen (Tel. 0 65 43/50 76 00, www. icelandexpress.com). SAS (www.scandinavian.net) fliegt ab Kopenhagen direkt nach Island und ist über Anschlussflüge an deutsche Flughäfen angekoppelt.

Alle internationalen Flüge landen am Flughafen Leifur Eiríksson in Keflavík, etwa 48 km westlich von Reykjavík ❯ S. 52.

Mit der Fähre

Die Autofähre »Norröna« nach Seyðisfjörður legt samstags in Hanstholm/Dänemark ab (Mai–Sept. zwei Übernachtungen auf den Färöer-Inseln, Ankunft Do, Okt.–April Ankunft Di; Tel. 04 31/20 08 86, www. smyrilline.de). Per Containertransport bringt die Reederei Eimskip Autos von Hamburg oder Rotterdam nach Reykjavík (Tel. 0 40/3 23 33 00, www.eimskip.de; Tel. 00 31/1 80 64 41 44, www.eimskip.nl).

Reisen im Land

Mit dem Flugzeug

Es ist ratsam, Inlandsflüge im Voraus zu reservieren, denn die Isländer reisen sehr gerne per Flugzeug. Ideal ist die Buchung über das Internet, da es je nach Auslastung Sonderangebote gibt.

Air Iceland fliegt von Reykjavík aus Akureyri, Egilsstaðir, Ísafjörður und Heimaey an, von Akureyri gibt es Verbindungen nach Grímsey, Þórshöfn, Vopnafjörður und Keflavík (Airport). Auch Tagestouren per Flugzeug sind mit der Air Iceland möglich, sowohl innerhalb Islands als auch nach Grönland. Linienflüge nach Grönland und auf die Färöer-Inseln gehen vom Flughafen in Reykjavík ab, der mit dem Stadtbus (Linie 15) zu erreichen ist (www.airiceland.is). Eagle Air fliegt mehrmals wöchentlich nach Bíldudalur, Gjögur, Sauðárkrókur und Höfn und bietet außerdem Charter- und Rundflüge an (www.ernir.is).

Mit dem Bus

Ein sehr gut ausgebautes Busnetz deckt vor allem im Sommer fast alle bewohnten Teile der Insel und das Hochland ab. Die Ringstraße wird im Sommer täglich befahren (Juni–Aug., Teilabschnitte auch bis Mitte Sept. oder sogar ganzjährig). Zu empfehlen sind die Buspässe der großen Gesellschaften. Im Angebot von TREX findet sich u.a. ein Rundreise-Pass (*Hringmiði*), der von Juni bis August mit vorgegebener Richtung gilt. Die Busgesellschaft Reykjavík Exkursions bietet sog. Highland-Pässe für Fahrten ins Hochland an. Infos zu den Buspässen: www.nat.is, www.trex.is, www.bsi.is, www.re.is.

Mit der Fähre

Die Inseln vor der Küste wie Grímsey, Hrísey und die Westmänner-Inseln sind durch regelmäßige, sehr pünktliche Fährdienste angebunden. Ab Ende September werden die Verbindungen eingeschränkt, im Winter teils eingestellt. Es gibt auch eine Fährverbindung zwischen Stykkishólmur und Brjánslækur (Westfjorde). Fahrpläne unter www.nat.is.

Mit dem Mietwagen

🚩 Für die Hochlandstrecken sind ein Geländewagen und Fahrerfahrung nötig › S. 129. Zudem sind nicht alle Straßen asphaltiert. In den Wintermonaten oder bei ungünstiger Witterung werden einige Straßen gesperrt, Informationen unter www.vegagerdin.is. Ansonsten ist Autofahren in Island unproblematisch, auch mit dem eigenen Fahrzeug.

Die Schalter der Mietwagenfirmen am Flughafen Keflavík sind im Sommer oft rund um die Uhr besetzt. Wegen der teuren Taxi- bzw. Transferbusfahrt nach Reykjavík ist es ratsam, trotz der Zusatzgebühren einen Mietwagen oder ein Wohnmobil ggf. ab und bis Keflavík zu reservieren. Bei Allradwagen sollte die Ausstattung (Ersatzrad, Werkzeug, Kühlerdichtmittel, Abschleppkette, Fußpumpe für Reifen) gründlich überprüft werden. Die meisten Mietwagenfirmen verlangen den nationalen Führerschein und ein Mindestalter des Fahrers von 20 Jahren (Allradwagen: 23 Jahre) sowie eine Kaution auf Kreditkarte.

Die Straßen in Island sind meist leer, das Netz an Tankstellen ist ausreichend dicht. Nach 23 Uhr schließen Tankstellen in verkehrsarmen Regionen (z.B. in den Westfjorde); wegen der hellen Sommernächte realisiert man dies oft zu spät. Tanken Sie möglichst bei jedem Zwischenstopp und nehmen Sie mindestens einen Reservekanister mit. Vor allem Jeeps sind im Allradbetrieb Spritfresser.

Eine Islandrundfahrt dauert wegen der vielen Fjorde und Kurven länger, als man zunächst vielleicht meint. Faustregel: Abseits der Ringstraße nicht mehr als 200 km pro Tag einplanen. Im Hochland können Wetterstürze zu Zwangspausen führen.

Die Ringstraße ist die Nr. 1

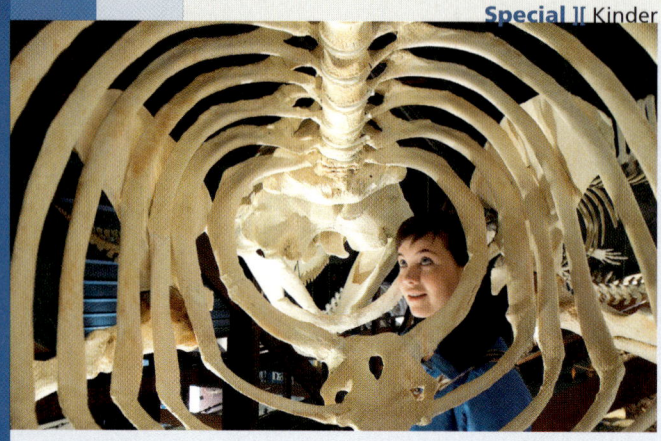

Special

Mit Kindern unterwegs

Island ist ein wunderbares Reiseland für Familien. Da die Isländer kinderfreundlich und im Sommer reiselustig sind, findet man Spielplätze auf Zeltplätzen und in Schwimmbädern. Kinder bis 4 Jahre zahlen für Transport und für Eintritte nichts, bis 12 Jahre in der Regel nur die Hälfte.

Reykjavík und Umgebung

Das **Freilichtmuseum Árbæjarsafn** mit seinem sommerlichen Familienprogramm, der **Haustier- und Familiengarten** mit isländischen Haustieren sowie Robben und Rentieren, Walbeobachtung ❯ S. 22, Radtouren ❯ S. 41 und das schöne Schwimmbad **Laugardalslaug** ❯ S. 50 bieten viel Abwechslung.

In Hafnarfjörður ❯ S. 59 fasziniert die Führung zum »versteckten Volk« der Elfen (Englischkenntnisse erforderlich!). Das Wikingerschiff »Íslendingur« ist in Keflavík ❯ S. 60 zu bestaunen, dort lädt auch das Bootsmuseum (ab 2009) zu Entdeckungen ein.

■ Freilichtmuseum Árbæjarsafn
Kistuhylur 4][www.arbaejarsafn.is
Juni–Aug. tgl. 10–17 Uhr.
■ Haustier- und Familiengarten
Engjavegur][www.husdyragardur.is
15. Mai –Aug. tgl. 10-18 Uhr.

Familienfreundlich schlafen

Bauernhöfe mit ihren Tieren, mit Vogelbeobachtung oder Angeltouren sind ideale Unterkünfte für Familien (www.farmholiday.is). Einige Höfe, aber auch viele Zeltplätze bieten zusätzlich Hütten an: Diese haben meist zwei Schlafzimmer und immer eine Kochgelegenheit. In Hotels und Gästehäusern gibt es Familienzimmer, nach Anmeldung oft auch Kinderbetten.

■ **Hidden Worlds Tour (Elfenführung)**
Hafnarfjörður][www.hafnarfjordur.is
Di und Fr 14.30 Uhr, ca. 1,5 Std.,
Treff am Informationszentrum.

Lavahöhlen und Eriks Haus

Nahe Húsafell locken die **Lavahöhlen Surtshellir** 〉 S. 71. In
Snæfellsnes und den Westfjorden
kann man Wale vom Land aus sehen! Das **Egill-Ólafsson-Museum** 〉 S. 76 in Hnjótur zeigt Boote
und Flugzeuge. Papageitauchern
kommt man in **Látrabjarg** 〉 S. 76
ganz nah. Alles über Erik den Roten verrät das **Freilichtmuseum
Eiríksstaðir** 〉 S. 75.

■ **Egill-Ólafsson-Museum**
Hnjótur][Örlygshöfn
Tel. 456 1511][www.hnjotur.is
Juni bis Mitte Sept. tgl. 10–18 Uhr,
sonst nach Vereinbarung.
■ **Freilichtmuseum Eiríksstaðir**
im Tal Haukadalur (Piste Nr. 586)
Tel. 434 1118
Juni–Aug. tgl. 9–18 Uhr.

Robben, Wale, Pferde

Nach dem Besuch des **Robben-
zentrums** von Hvammstangi 〉
S. 100 beobachtet man die Tiere
an der Westküste der Halbinsel
Vatnsnes. Húsavík 〉 S. 89 ist *der*
Walort Islands. Pferdefans finden
in Hólar 〉 S. 97 ihr Dorado.

Gletscherfahrt im Osten

Die bunte, originelle **Mineraliensammlung** in Stöðvarfjörður 〉
S. 106 ist ein echter Hingucker. In
Höfn 〉 S. 107 dreht sich alles um
den riesigen Gletscher Vatnajö-

kull – unbedingt eine **Snowmo-
bilfahrt** unternehmen!
Mineraliensammlung
Stöðvarfjörður
Mai–Sept. tgl. 9–18 Uhr.

Der Süden – Auf den Spuren der Sagahelden

Zum Besuch des **Saga-Zentrums**
in Hvolsvöllur 〉 S. 117 passt anschließend eine Rundfahrt zu den
Sagaorten und auf einen aktiven
Vulkan wie **Hekla** 〉 S. 118 zu wandern ist genauso aufregend wie
eine Raftingtour auf der Hvítá. Im
August sammeln Kinder auf der
Westmänner-Insel Heimaey 〉
S. 122 junge Papageitaucher ein,
die sich in den Straßen verirrt haben, und lassen sie am Strand frei
– ein einmaliges Erlebnis!

Im Hochland

In der kargen Landschaft entdeckt
man immer wieder Trolle – zum
Glück nur aus Lavastein.
Buch-Tipp Brian Pilkington: **Isländische Trolle,** in Island erhältlich. Mit Landkarte, auf der die
größten Trolle verzeichnet sind.

Sport und Aktivitäten

Bergsteigen und Wandern

Weil es oft nur in den Nationalparks markierte Wege gibt, sollte man unbedingt einen Kompass bzw. ein GPS-Gerät und Detailkarten mitnehmen und niemals alleine losziehen. Die Temperatur der Flüsse, die es zu durchwaten gilt, steigt auch im Sommer nicht über 4 °C, wobei der niedrigste Wasserstand oft am frühen Vormittag erreicht wird. Für Mehrtagestouren braucht man wind- und wetterfeste Ausrüstung, Wetterumschwünge jeder Art sind möglich. Ideale Wandergebiete findet man in den Westfjorden, z.B. Hornstrandir, oder auch im Hochland.

In den Bergen stellt das oft poröse und lockere Gestein hohe Anforderungen. Erfahrung und gute Ausrüstung sind für Bergtouren ohne Guide Bedingung. Sehr attraktive Ziele sind die Gebirge im Hochland.

■ **Ferðafélag Íslands**
Tel. 568 2533][**www.fi.is** und
■ **Útivist**
Tel. 562 1000][**www.utivist.is.** Die beiden isländischen Wandervereine geben nicht nur Tipps, sondern führen auch selbst organisierte Wanderungen durch.

Radfahren

Radreisende sollten ein stabiles 28-Zoll-Tourenrad – besser 26 Zoll – oder ein Mountainbike wählen und beachten, dass fast alle Straßentunnel für Radfahrer gesperrt sind! Beste Ausrüstung ist unerlässlich.

■ **The Icelandic Mountainbike Club**
Brekkustígur 2][**101 Reykjavík**][**Tel./Fax 562 0099**
www.fjallahjolaklubburinn.is. Gibt wertvolle Tipps und nennt Verleihadressen.

Island per Bike ist ein besonderes Landschaftserlebnis wie hier am Mývatn

■ **Hjolaferðir Blue Biking**
Stekkjarhvammur 60][**Hafnarförður**][**Tel./Fax 565 2089**][**http://frontpage.**
simnet.is/bluebiking. Bietet unterschiedlich lange geführte Radtouren an.

Golf

Alle Golfplätze stehen Gästen gegen eine geringe Tagesgebühr offen.
Etliche Plätze sind landschaftlich sehr schön gelegen, einige haben klei-
ne Clubhäuser. Da Golf in Island ein Familiensport ist, geht es auf den
Plätzen zwanglos zu. Infos über Anlagen und Greenfees: www.golf.is.

Rafting

Es ist ein besonderes Erlebnis, über die Stromschnellen der Gletscher-
flüsse zu fahren. Die Angebote richten sich an Familien, aber auch an
echte Abenteurer. Auskünfte in den Touristeninformationen sowie bei
www.rafting.is (Nordisland) oder www.arcticrafting.is (Süden).

Reiten

Weil selbst Anfänger im trabähnlichen Tölt oder dem schnelleren Pass,
den beiden Spezial-Gangarten der Islandpferde, ruhig im Sattel sitzen
können, ist ein Reiterlebnis auch für Ungeübte garantiert. Die meisten
der deutsch oder englisch sprechenden Begleiter sind sehr erfahren.
Die Höfe Elðhestar bei Hveragerði › S. 59 und Íshestar in Hafnarfjörður
(Tel. 555 7000, www.ishestar.is) sind auf Reitferien spezialisiert, beliebt
sind die mehrtägigen Ausritte. Im Norden bei Hvammstangi ist der Hof
Brekkulækur › S. 100 zu empfehlen.

   Viele Infos rund um die Islandpferde vermittelt www.icehorse.com.
⚠️ Zaumzeug aus Leder darf nicht eingeführt werden, für übriges Zu-
behör ist eine Desinfektion vorgeschrieben. Am besten leiht man Reit-
sachen auf dem jeweiligen Hof aus.

Superjeep

Jeepsafaris führen z.B. ins Þórsmörk-Tal, ins farbenfrohe Landmannalaugar (dorthin im Sommer auch Busse) oder auf Gletscher. An Bord
sind in der Regel Gruppen mit mind. zwei und max. acht Reisenden.
■ **Mountaineers of Iceland**
Tel. 580 9900][**www.mountaineers.is.** Sehr gute Touren ab Reykjavík.

Vogelbeobachtung

Für Vogelfreunde ist Island ein Paradies. Zahllose Seevögel, v.a. Papageitaucher, aber auch andere Vögel kann man beobachten. Einige Bauernhöfe bieten Touren an.
■ **Erlingsson Naturreisen Island,**
www.naturreisen.is][**Info-Tel. 0 62 51/98 99 20.**
Vogelkunde-Wanderungen mit Deutsch sprechenden Führern.

Walbeobachtung

Die beste Zeit, um Wale zu beobachten, ist von Juni bis August

Zu den eindrucksvollsten Erlebnissen eines Island-Urlaubs gehört eine Walbeobachtungsfahrt. Diese Bootstouren werden – sogar mit Sichtungsgarantie – in den meisten Küstenorten angeboten, z.B. in Reykjavík, Keflavík oder Húsavík. Die Bootsführer sind sehr erfahren und erklären die unterschiedlichen Arten.

Während der Hochsaison gibt es meist mehrere Ausfahrten täglich, die Touren dauern zwischen 2,5 und 3,5 Stunden.

■ **Elding**
Alter Hafen/Ægigarður][**Reykjavík**][**Tel. 555 3565**][**www.elding.is.**
April bis Ende Okt.

■ **MS Moby Dick**
Háteigur 6][**Keflavík**][**Tel. 800 7777**][**www.dolphin.is.** April–Mitte Sept.

■ **Sjóferðir Snorra**
Ásvegi 6][**Dalvík**][**Tel. 863 2555**][**www.hvalaskodun.is.** April–Mitte Sept.

■ **North Sailing**
Hafnarstett 11][**Husavík**][**Tel. 464 7272**][**www.northsailing.is.** April–Okt.

Wintersport

Im Winter sind sowohl Lang- als auch Alpinskilauf möglich. Skigebiete sind z.B. im Bláfjöll südlich von Reykjavík, oberhalb von Akureyri am Hlíðarfjall oder in Siglufjörður. Für Langlauftouren sind der Nordwesten und das Mývatn-Gebiet beliebte Ziele der Isländer. Außerdem werden Snowmobiltouren angeboten, die Strecken sind markiert.

Unterkunft

Alle Unterkünfte, die an der Komfort-Klassifikation durch das isländische Fremdenverkehrsamt teilnehmen, erkennt man am blau-roten Symbol, das die Zahl der Sterne (5 für Superluxus) angibt. Die meisten Unterkünfte bieten Reykjavík und die Orte entlang der Ringstraße, im Hochland gibt es nur Hütten und Zelte.

Die **Hotels** entsprechen meistens dem Business-Standard. Von den internationalen Ketten sind lediglich Hilton und Radisson SAS vertreten, ansonsten lokale Ketten wie etwa Icelandair Hotels (www.icehotel.is) oder die zwölf Häuser der Fosshotel-Gruppe, die zusätzlich zwei preiswertere »Inns« bietet (www.fosshotel.is).

In den ländlichen Regionen gibt es 13 Edda-Hotels (www.hoteledda.is); die Sommerunterkünfte in Schulen oder Internaten zählen meist zur Mittelklasse. Oft sind es die privaten Hotels, die etwas Besonderes bieten, doch auch für sie gilt, dass die Preise relativ hoch sind.

Günstiger ist meist die Unterkunft auf einem Bauernhof oder in einem Gasthaus, nicht selten mit Familienanschluss. Die rund 150 Bauernhöfe, angeboten von der landesweiten Kette **Icelandic Farm Holidays (IFH),** bieten meist noch mehr, wie Reiten, Teilnahme am Pferde- oder Schafabtrieb oder Angeln mit den Hofbesitzern. (www.farmholidays.is)

Die preiswertesten Unterkünfte sind die 25 über das Land verteilten **Jugendherbergen.** Da sie allen offen stehen und oft auch von Familien genutzt werden, empfiehlt es sich, im Sommer vorher zu buchen (www.hostel.is).

Wanderer und Outdoor-Freunde können in **Berghütten** übernachten. Da diese oft im Besitz der isländischen Wandervereine sind, sollte vorab gebucht werden. Ansonsten empfiehlt es sich, ein Zelt mitzunehmen. 125 **Zeltplätze** stehen in den Sommermonaten zur Verfügung, einfach bis sehr gut ausgestattet. Pro Nacht und Person zahlt man zwischen 700 und 1000 ISK. Wild campen ist erlaubt, vorausgesetzt man meidet Wiesen und Weiden bzw. eingezäunte Gebiete.

Die Website des Isländischen Fremdenverkehrsamtes führt eine umfangreiche Datenbank (in Englisch) mit Unterkünften aller Art unter www.icetourist.de. Ein gedrucktes Verzeichnis ist beim Isländischen Fremdenverkehrsamt › S. 139 erhältlich.

Süße Träume in originellen Herbergen

■ Das **Hotel Borg** in Reykjavík ist ein 1930 erbautes Luxushotel mit viel Flair. › S. 52

■ Von einigen Zimmern im **Hilton Hotel Nordica** hat man einen hervorragenden Blick auf Reykjavíks Hausberg Esja. › S. 52

■ Nirgends ist man den Wikingern und ihrer Geschichte so nahe wie im **Hotel Viking** in Hafnarfjörður. › S. 60

■ Das **Hotel Glymur** in Akranes überzeugt mit geschmackvoll eingerichteten Zimmern und tollem Ausblick auf den Hvalfjörður. › S. 69

■ Das **Brimnes** in Ólafsfjörður bietet gemütliche Blockhütten direkt am See mit Grill und Hot Pot. › S. 96

■ Die ungewöhnlichste Unterkunft Islands ist die gemütlich eingerichtete **Kirche in Stöðvarfjörður** – Schlafen auf der Empore mit Blick auf den Altar! › S. 106

■ Der perfekte Ausgangspunkt für Hochlanderkundungen: Im **Hochlandzentrum** in Hrauneyjar stehen Zimmer für jeden Geldbeutel bereit. › S. 134

Land & Leute

Steckbrief][Geschichtstabelle][
Natur und Umwelt][Kunst und Kultur][Feste
und Veranstaltungen][Essen und Trinken

Island

Einwohner:
320 169 (1. Oktober 2008)
Bevölkerungswachstum: 2,15%
Lebenserwartung: Männer 78 Jahre,
Frauen 82 Jahre
Internet-Kennung: .is
Landesvorwahl: +354
Währung: Isländische Krone (ISK)
Zeitzone: UTC +0 (ehemals GMT)

Fläche: 103 106 km² (inkl. der Inseln),
davon Weideland und kultivierte
Nutzfläche 23,8%, Ödland 64,5%
Hauptstadt: Reykjavík
Amtssprache: Isländisch
Nationalfeiertag: 17. Juni (Geburtstag von Jón Sigurðsson 1811)

Lage

Island liegt genau auf dem Mittelatlantischen Rücken zwischen 63°17'30" und 67°07'05" nördlicher Breite und 13°16'07" und 4°32'12" westlicher Länge, die kleineren Inseln sind dabei berücksichtigt. Die nächsten Nachbarn sind Grönland (287 km) im Nordwesten und die Färöer-Inseln (420 km) im Südosten. Die Ausdehnung des Inselstaates beträgt in Nord-Süd-Richtung rund 300 km, von Ost nach West rund 500 km.

Politik und Verwaltung

Island ist eine parlamentarische Republik mit einem vom Volk gewählten Präsidenten als Staatsoberhaupt. Ólafur Ragnar Grímsson hat das Amt seit 1996 inne. Seit den Wahlen am 12. Mai 2007 regiert eine Koalition der Unabhängigkeitspartei (Sjálfstæðisflokkur, 36,6%), deren Vorsitzender Geir H. Haarde Premierminister ist, und der sozialdemokratischen Allianz (Samfylkingin, 26,8%).

Island ist in acht Bezirke oder Regionen gegliedert: Höfuðborgarsvæðið (Reykjavík), Suðurnes (Reykjanes), Vesturland, Vestfirðir, Norðurland vestra und eystra, Austurland und Suðurland. Die Bezirke sind in 22 Kreise (*sýslur*) und 20 kreisfreie Städte (*kaupstaðir*) aufgeteilt, mit jeweils eigenständigen Verwaltungen.

Wirtschaft

Der wichtigste Wirtschaftszweig hinsichtlich des Exports war jahrzehntelang die Fischerei mit rund 30 000 Arbeitsplätzen. Fischprodukte waren die Hauptexportwaren mit über 70%, doch der Anteil an den Gesamteinnahmen sank 2007 erstmals auf nur ca. 50%. Allein aufgrund des Preisanstiegs für Fisch wuchs die Einnahmesumme in Kronen noch. Wichtigste Abnehmer sind die USA, Japan und die EU-Länder.

Dank der Energieressourcen – Geothermalenergie und Wasserkraft – können Aluminium oder Eisensilizium günstig aus australischen Rohstoffen produziert werden. Aluminiumschmelzen stehen bei Hafnarfjörður, Grundartangi und in Reyðafjörður. Neben der energieintensiven Industrie gilt auch die Hightechbranche als Wachstumssektor; als stabiler Wirtschaftszweig hat sich der Tourismus erwiesen.

Seit Herbst 2008 ist die erfolgsverwöhnte Wirtschaft des Landes aufgrund der hohen Auslandsschulden der Privatbanken und der globalen Finanzkrise dramatisch eingebrochen. Zeitweise drohte sogar der Staatsbankrott.

Menschen

Die Bevölkerungsdichte – 3,1 Menschen pro km² – relativiert sich, wenn man auf die Verteilung blickt: Allein 65% der Isländer leben im Großraum Reykjavík, die übrigen verteilen sich entlang der Küste. Es gibt eine breite Mittelschicht, so nennen 75% der rund 320 000 Isländer ein Häuschen ihr Eigen. Die evangelisch-lutherische Kirche dominiert, 82% der Isländer gehören ihr an. Trotz der hohen Lebenserwartung droht in Island noch keine Überalterung, 12% der Bewohner sind über 65 Jahre alt, demgegenüber sind 22% unter 14. Das Bevölkerungswachstum ist hoch. Vier von fünf Babys – 2007 zählte man rund 4400 Neugeborene – wachsen bei Eltern ohne Trauschein auf. Bei der Namensgebung, die sich am skandinavischen Vaternamensrecht orientiert, erhalten die Kinder den Vornamen des Vaters als Nachnamen mit der Endung -*son* (Sohn) bzw. -*dóttir* (Tochter).

Sprache und Schrift

Der Ursprung des Isländischen liegt im Altnordischen, das bis ins Mittelalter im gesamten skandinavischen Raum gesprochen wurde. Während sich die anderen skandinavischen Sprachen stärker veränderten, bewahrte Isländisch viele alte Strukturen, und so können Isländer mittelalterliche Texte lesen und größtenteils verstehen.

Um mit der Zeit zu gehen, schlägt das Institut für isländische Sprache der Universität Reykjavík regelmäßig Wortneuschöpfungen vor. Doch auch in Island werden englische Ausdrücke immer gebräuchlicher, vor allem bei den Jugendlichen und in der Wirtschafts- und Technologiewelt. Die Förderung der Fremdsprachenkenntnisse ist genauso obligatorisch wie die Pflege der eigenen, identitätsbewahrenden Sprache.

Geschichte im Überblick

860 Der Norweger Flóki Vílger-ðarson gibt der Insel den Namen »Eisland«, da die harten Winter und das dichte Treibeis seine Siedlungspläne in den Westfjorden zunichte gemacht hatten.

874 Ingólfur Arnarson lässt sich in der Rauchbucht Reykjavík nieder, ihm folgen rund 400 Siedler mit ihren Sippen.

930 Die Isländer (ca. 25 000) gründen das *Alþing* (Althing), eine Volksversammlung, und damit auch den isländischen Freistaat. Die ersten Sagas entstehen.

1000–1230 Annahme des Christentums auf dem Althing. Schon 1056 wird der erste Bischofssitz in Skálholt gegründet, 50 Jahre später der zweite in Hólar. Zeitalter der kulturellen Blüte, in dem auch die Sagas entstehen.

1230–1262 Die Goden-Kämpfe während der Sturlungar-Zeit führen zum Ende des isländischen Freistaats, die Isländer erkennen den norwegischen König an.

1380 Island und Norwegen fallen durch Erbfolge an die dänische Krone.

1550 Der katholische Bischof Jón Arason wird auf Geheiß des Dänen-Königs in Skálholt enthauptet. Damit hat sich die protestantische dänische Staatskirche mit Gewalt durchgesetzt.

1602 Einführung des dänischen Handelsmonopols.

1800 Auf Befehl des dänischen Königs wird das Althing abge-schafft, am 8. März 1843 auf Druck der Unabhängigkeitsbewegung unter Jón Sigurðsson (1811 bis 1879) aber wieder eingesetzt.

1854 Ende des dänischen Handelsmonopols.

1874 Zur 1000-Jahr-Feier der Besiedlung überbringt der dänische König Christian IX. die Urkunde mit der neuen Verfassung, die dem Althing die gesetzgebende Gewalt und autonome Verwaltung der Finanzen zubilligt.

1904 Hannes Hafstein (1861 bis 1922) löst als erster isländischer Minister den bisherigen dänischen Gouverneur ab.

1918 Der dänische König bleibt Staatsoberhaupt, aber durch eine Unionsakte wird Island ein souveräner Staat mit eigener Flagge.

1944 Per Volksabstimmung gibt sich Island den Status einer von Dänemark unabhängigen Republik, die am 17. Juni in Þingvellir ausgerufen wird.

1949 Island ist eines der Gründungsmitglieder der NATO.

1951 Schutzabkommen mit den USA, die einen Militärstützpunkt in Keflavík errichten.

1952–76 Die schrittweise Ausdehnung der Fischereigrenzen auf 200 Seemeilen führt zu Konflikten mit anderen Fischerei-Nationen (»Kabeljaukriege«).

1971 Mit dem »Codex regius« der Lieder-Edda kommt die erste der alten isländischen Handschriften aus Dänemark zurück.

1987 ist die Rückführung abgeschlossen.

1993 Island tritt dem Europäischen Wirtschaftsraum (EWR) bei, acht Jahre später dem Schengen-Abkommen.

1999 Lehrplan-Reform: Englisch löst Dänisch als erste Pflicht-Fremdsprache ab.

2006 Die USA lösen ihre Militärbasis in Keflavík auf.

2007 Seit dem 12. Mai regiert die Koalition aus der Unabhängigkeitspartei und der sozialdemokratischen Allianz.

2008 Rapider Verfall der Isländischen Krone im Zuge der internationalen Finanzmarktkrise. Island ist auf Milliardenkredite aus dem Ausland angewiesen, um einen Staatsbankrott abzuwenden.

Natur und Umwelt

Island, die größte Vulkaninsel der Welt, zählt mit ihren rund 25 Mio. Jahren zu den erdgeschichtlich jüngsten Ländern. Die Insel liegt auf einem ozeanischen Rücken, der sich zwischen den beiden Kontinentalplatten, der eurasischen und der amerikanischen, gebildet hat. Dessen Magma traf mit einer Magmafontäne im Erdmantel zusammen, und so bildete sich die Insel, die bis heute stetigen Veränderungen unterliegt. Jährlich treiben die beiden Platten um etwa 2 cm auseinander, und somit wächst auch Island, dessen Südwesten auf der amerikanischen und dessen Nordosten auf der eurasischen Kontinentalplatte liegt.

Entlang der Riftzone kommt es immer wieder zu Ausbrüchen und Spalteneruptionen. Schnell schießen bis zu 1000 °C heiße Gesteinsmassen empor, erkalten und füllen damit die Lücken mit neuer Lava wieder auf. Die Erdaktivitäten lassen auf der Insel mehr als 200 Vulkane und rund 25 Hochtemperaturgebiete mit bis zu 200 °C heißen Schwefelquellen und Fumarolen rumoren und blubbern.

Von Fumarolen und Schildvulkanen

Island ist ein beliebtes Reiseziel für Geologen – hier erlebt man Erdgeschichte live. Am ehesten fallen Schicht- oder Stratovulkane auf – Feuerberge wie der Snæfellsjökull oder die Hekla, die aus vielen Ascheschichten aufgebaut und deswegen sehr steil sind. Am Südwestufer des Mývatn haben sich Pseudokrater gebildet, als ein Lavastrom über eine Wasserfläche floss. Dabei entstand heißer Dampf, der sich explosionsartig einen Weg nach oben bahnte und den Krater hinterließ. In den Hochtemperaturgebieten häufig anzutreffen sind Fumarolen, kleine Erdspalten an aktiven Vulkanzonen, die es in sich haben: Trifft Grundwasser auf das etwa 800–1200 °C heiße Magma, wird es explosionsartig erhitzt und schießt als stark CO_2-haltiger Dampf in die Höhe. Von einem Solfatar spricht man, wenn der Dampf Säure aufnimmt und den Boden zersetzt – Kennzeichen sind gelblich-weiße Ränder aus Salzkristallen und Schwefelablagerungen. Prägend sind auch mächtige Gletscher wie Vatnajökull, der etwa doppelt so groß ist wie alle Alpengletscher zusammen, Langjökull oder Hofsjökull. Die Eiszungen haben im Laufe der Jahre Basaltgestein zu kleinen Steinen und Sand zerrieben, das vom Schmelzwasser in Richtung Meer getragen wird. Die Folgen sind am Mýrdalssandur zu sehen – eine relativ ebene, eintönige Sanderfläche, die von der Ringstraße quasi in zwei Hälften geteilt wird.

Landschaftsformen

Nicht nur der Vulkanismus verändert die Landschaft, sondern auch der Mensch. Über 60% der Insel sind Ödland, überwiegend aus alter Lava bestehend. Den besten Eindruck davon erhält man im Hochland mit seinen Lava- und Schotterwüsten, Endmoränen und Gletschern. Mit einem Rekultivierungsprogramm versucht man den Boden in den Hochlandgebieten vor Erosionseinflüssen zu schützen, und einige Regionen überzieht heute eine dünne Grasdecke.

Gut 20% des Landes werden für landwirtschaftliche Zwecke als Weide- und Grasland genutzt, vor allem im Süden, wo sich weite grüne Ebenen erstrecken. Zwar wird auch im übrigen Küstengebiet Landwirtschaft betrieben, aber aufgrund der Landschaftsformationen mit den oft steilen Küsten bietet sich nicht diese großflächige Nutzung. Hier prägen die Basaltgebirge die Küstenlinien, in die sich z.T. tiefe Fjorde eingegraben haben; besonders beeindruckend im Nordwesten des Lan-

Schafe, Islands häufigste Vierbeiner, treibt man im Herbst zusammen des, wo die meisten der abgeschiedenen Höfe aufgegeben wurden. Typisch für den Süden sind auch die breiten, schwarzen Lavasandstrände und das riesige Sandergebiet zwischen Mýrdalsjökull und Vatnajökull.

Aufgrund der staatlich verordneten Reduzierung der Schafe beteiligen sich zahlreiche Bauern alternativ am Wiederaufforstungsprogramm. Auch wenn die Begrünung der Insel ihrem ursprünglichen Charakter zur Zeit der Besiedlung im 9. Jh. entspricht, fürchten Kritiker, dass die weiten Lupinenflächen, deren Aussaat zur Anreicherung des Bodens notwendig ist, aus der grünen eine blaue Insel machen.

Flora: Artenarm, aber nicht karg

Nur auf den ersten Blick wirkt die Flora Islands eintönig, immerhin gibt es ca. 450 höhere Pflanzenarten. Am steinigen Boden entdeckt man oft Fleckenmuster aus grau- bis gelbgrünen Moosen der Gattung *Rhacomitrium*. Dazwischen schimmern früh blühender Thymian, rosa Alpenheide, Schwarze Krähenbeere, Rauschbeere sowie viele Heidelbeersträucher. Im Hochland gedeihen wenige Zentimeter hohe Zwergbirken, deren Laub sich im Herbst rot verfärbt. Hallormsstaðarskógur im Osten ist ein Wald, wie man ihn auch aus Mitteleuropa kennt; meist sieht man aber kleine subpolare Birkenwälder, die der Abholzung durch den Menschen und dem Verbiss durch die Schafe trotzten.

Fauna: Wenig Säuger, viele Vögel

Auch Islands Tierwelt ist, vor allem wegen der isolierten Insellage, recht artenarm. Eine einzige Säugetierart, den Polarfuchs, gab es schon, bevor die ersten Siedler kamen. Andere Arten wie Rentiere, Nerze oder Wildkaninchen wurden eingeführt.

Zu den beliebtesten Haustieren zählt das widerstandsfähige, trittsichere und treue Islandpferd. So streng sind die Zuchtgesetze, dass selbst Pferde, die im Ausland an einem Turnier teilgenommen haben, nicht mehr nach Island zurückgebracht werden dürfen. Die verspielten Islandhunde, leicht erkennbar am geringelten Schwanz, sind eine der ältesten Hunderassen der Welt. Sie werden vor allem als Schaf-Hütehunde eingesetzt und kosten beim Züchter einige tausend Euro.

Am und im Meer ist sehr viel mehr Vielfalt geboten: Seehunde und Kegelrobben, Finn-, Sei- oder Zwergwale, daneben Pott-, Schwert- und Grindwale sowie rund 250 verschiedene Fischarten, unter anderem Polardorsche oder Grönlandhaie, kommen rund um Island vor.

Mehr als 70 Vogelarten kann man an Vogelfelsen wie Látrabjarg ❯ S. 76 am Südwestzipfel der Westfjorde aus nächster Nähe beobachten, darunter den Basstölpel, mit einer Spannweite von 1,80 m Islands größter Meeresvogel. Auch Herings-, Silber- und Eismöwen und Dickschnabel- und Trottellummen, deren Aussehen etwas an den Pinguin erinnert, leben an den Felsen ❯ Exkurs S. 77.

Kunst und Kultur

Literatur

Sprache und Literatur sind die wichtigsten identitätsbildenden Faktoren der Isländer. Mit der Einführung des Christentums wurde das Alphabet übernommen und schon bald für die Landessprache benutzt. Die ersten schriftlichen Zeugnisse im Isländischen sind die von Hafliði Másson in den Jahren 1117/18 niedergelegten Gesetze. In dieser Zeit verfasste auch Ári Þorgilsson die erste isländische Geschichte von der Besiedlung bis zur Christianisierung, »Íslendingabók«. Die herausragendsten Werke der mittelalterlichen Literatur sind die »Edda« und die »Íslendingasögur«, die Sagas, die überwiegend im 13. Jh. verfasst wurden. Auch in der Poesie gibt es eine typisch isländische Form, die im 14. Jh. entstandene Balladenform »rímur«.

Erst im 19. Jh. entwickelte sich wieder eine isländische Literatur, deren Poesie sich mit der Schonheit des Landes, der Reinheit der Sprache und dem erstarkten Nationalgefühl beschäftigte. Die Romane der Zeit lehnten sich stilistisch an den epischen Realismus der Sagas an.

Mit der Ausrufung der Republik und der damit einhergehenden Öffnung der Grenzen kamen neue kulturelle Einflüsse ins Land. Den radikalen Bruch mit der traditionellen Lyrik vollzogen die »Atomdichter«, eine Gruppe von fünf Poeten, die zwischen 1946 und 1953 debütierten.

Die Strömungen der gegenwärtigen Lyrik sind faszinierend vielfältig. Erfrischend ist ihr humorvolles Spiel mit der isländischen Sprache, wie bei Einar Már Guðmundsson, Gyrðir Elíasson, Linda Vilhjálmsdóttir, Steinunn Sigurðardóttir und Sjón.

Nachhaltige Beeinflussung erfuhr der isländische Roman durch das Werk Þórbergur Þórðarsons (1889–1974), der mit seinen Essays und Memoiren nach 1924 eine Sensation schuf. Seine Texte waren von Stil und Ideologie her – er verband radikale sozialistische Ansichten mit seinem Interesse für übernatürliche Phänomene – revolutionär. Vor allem in Hinblick auf die Rezeption isländischer Autoren in Deutschland bis 1945 seien auch Gunnar Gunnarson (1889–1975) und Jón Sveinsson (1857–1944) erwähnt. Maßgeblich zur Erneuerung der isländischen Prosa trug Halldór Laxness (1902–1998) bei, der mit seinen gesellschaftskritischen Romanen internationalen Ruhm erlangte. In »Atomstation« (1948) beschreibt er die isländische Gesellschaft so schonungslos, dass einige Patrioten ein Übersetzungsverbot für das Werk erlassen wollten. Mit dem Erhalt des Nobelpreises für Literatur 1955 wurde Laxness als erster isländischer Nachkriegsautor weltweit bekannt.

Die junge Autorengeneration ist längst aus dem langen Schatten von Laxness herausgetreten. Heute geht es um die Fragen der westlichen Industriegesellschaften wie Verstädterung, Identitäts- und Sinnkrisen, Frauenrollen. Und doch wirken die oft skurrilen und besessenen Helden so ganz anders, wie z.B. bei Hallgrímur Helgason (»101 Reykjavík«) oder Bragi Ólafsson (»Haustiere«). Die in Deutschland wohl bekanntesten isländischen Schriftsteller sind die Krimiautoren wie Arnaldur Indriðason (Krimiserie mit dem Kommissar Erlendur Sveinsson, erschienen bei Bastei Lübbe) und Stella Blómkvist (erschienen bei btb).

Buch-Tipp **Hallgrímur Helgason,** »101 Reykjavík«, Klett Cotta 2002. Kultroman und Liebeserklärung über und an eine Stadt; 2003 verfilmt.

Bildende Kunst

Die Kunstszene in Island ist lebendig und kreativ. Fast jedes Jahr finden sich neue Skulpturen in Reykjavík und Umgebung, die den natürlichen und selbstverständlichen Umgang mit Kunstwerken dokumentieren.

Als Wegbereiter im ausgehenden 19. Jh. gelten Þórarinn Þorláksson, Ásgrímur Jónsson, Jón Stefánsson, Jóhannes S. Kjarval sowie der Bildhauer Einar Jónsson. Alle besuchten die Kunstakademie in Kopenhagen und setzen sich in ihren Werken mit der Natur Islands auseinander.

Jóhannes S. Kjarval (1885–1972) war der bedeutendste Maler Islands. Typisch für sein Werk ist das Einfließen symbolistischer und fantastischer Elemente in die dargestellten Landschaften. Einen Großteil seiner Arbeiten zeigt das nach ihm benannte Kunstmuseum von Reykjavík.

Einar Jónsson (1874–1954), der erste isländische Bildhauer, entwickelte einen Symbolismus, der sich aus nordischer, griechischer und asiatischer Mythologie, Theosophie und Mystik zusammensetzt. Einen Großteil seiner Werke sieht man in seinem ehemaligen Atelier und Wohnhaus neben der Hallgrímskirkja in Reykjavík.

Nach 1918 studierten die Künstler auch in Deutschland und Frankreich – so Finnur Jónsson (1892–1989), der ein Schüler Kokoschkas in Dresden war. Seine Arbeiten sind vom Expressionismus, Kubismus oder Konstruktivismus geprägt und fanden in den 1920er-Jahren in Island wenig Zustimmung.

Die erste umfangreiche Ausstellung gegenstandsloser Kunst in Island präsentierte im August 1945 Arbeiten von Svavar Guðna-

Werke des modernen Malers Helgi Þorgils Friðjónssons wurden schon in Deutschland gezeigt

33

son (1909 bis 1988). Er lernte in Paris bei Fernand Léger und machte sich mit dem Kubismus vertraut. Auch die Bildhauerei erhielt neue Impulse, v.a. durch Ásmundur Sveinsson und Sigurjón Ólafsson. Ásmundur Sveinssons (1893–1982) Arbeiten zeichnen sich durch eine Mischung kubistischer und archaischer Elemente aus. Die Ausdruckskraft seiner Skulpturen kann man vielerorts in Reykjavík sowie in seinem Atelier mit Skulpturengarten in der Nähe von Laugardalur studieren.

Mitte des 20. Jhs. wurden Ideen wie Pop Art und Fluxus aufgegriffen. Einige Künstler schlossen sich 1965 zur »Vereinigung junger bildender Künstler« (SÚM) zusammen. Künstler wie Dieter Roth, der lange in Island lebte und arbeitete, beeinflussten die Kunstszene nachhaltig. 1965 stellte Guðmundur Guðmundsson (besser bekannt als Erró) in Reykjavík aus, dessen Stil als Mischung aus Pop Art und Surrealismus beschrieben wird. 1969 eröffnete SÚM eine Galerie, um Werke seiner Mitglieder auszustellen und ausländische Kunst in Island zu zeigen. Das 1978 gegründete Living Art Museum (Nýlistasafn) ist der Nachfolger. International bekannt sind derzeit u.a. Ólafur Eliasson, ein in Deutschland lebender Däne isländischer Herkunft, und Gabríela Friðriksdóttir, die 2005 Island auf der Biennale in Venedig repräsentierte.

Musik

Ein bisschen schräg, dann wieder rockig, bunt gemixt – so präsentiert sich Islands Unterhaltungsmusik, die man mit Namen wie Björk, Gus-Gus, Sigur Rós oder Mezzoforte verbindet. Nachwuchsbands wie »Rökkurró« oder »Quarashi« werkeln an einer neuen Erfolgsstory. Für Furore sorgte die gebürtige Isländerin und Popsängerin Andrea Torrioni mit »Gollums Song« aus dem Film »Herr der Ringe II«. »Rimur. Icelandic Chants«, so heißt eine populäre Sammlung alter isländischer Volkslieder gemixt mit australischen Didgeridoo-Klängen und irischen Harfentönen, die Steindór Andersen veröffentlichte (Naxos World).

Schon lange haben die vielen Chöre und Gesangvereine, die meist zwischen 1700 und 1900 entstanden, vertonte bäuerlich-romantische »Reime« von Jón Sigurðsson (1853–1922), Jón S. Bergmann (1874 bis 1927) oder Pfarrer Hannes Bjarnason (1776–1838) entdeckt.

Jón Leifs (1899–1968) gilt als Begründer der klassischen isländischen Musik. In seine Kompositionen flossen sowohl Elemente der Volksmusik ein als auch isländische Themen, wie z.B. die »Saga-Symphonie«, »Geysir«, »Hekla« oder »Die Antwort eines Wikingers« schon im Titel zeigen. Bekanntester Gegenwartskomponist ist Atli Heimir Sveinsson.

Das 1950 gegründete Isländische Symphonieorchester genießt international einen guten Ruf. Deshalb sieht man der Eröffnung des neuen Konzertsaales in Reykjavík ❯ S. 47 mit großer Erwartung entgegen.

In die Welt isländischer Musik entführt die informative Website www.musik.is.

Feste und Veranstaltungen

In Island wird sehr gern gefeiert. Die traditionellen kirchlichen Feiertage, wie z.B. Weihnachten, bereichert man mit alten Bräuchen. Wichtig ist dabei das Zusammensein mit Familie und Freunden.

Festkalender

24. Januar bis 23. Februar: Þorrablót. Zur Austreibung des Wintergottes Þorri findet das Þorrablót-Essen im Familien- und Freundeskreis statt: mit geräucherten und gepökelten Spezialitäten, Trockenfisch, gesengten Lammköpfen, gepökeltem Lammfleisch und geräuchertem Hai, dazu *brennivín* und Molke.

3. Donnerstag im April: Erster Sommertag. Es wird draußen gefeiert, in Reykjavík z.B. mit Umzügen und Blasmusik, egal, ob es stürmt oder schneit. Man wünscht sich *gleðileg sumar*, einen fröhlichen Sommer, und tauscht Geschenke aus.

Mai: Reykjavík Art Festival. Zweiwöchiges Kunstfestival (www.artfest.is) mit internationalen Gästen. Die Veranstaltungen finden v.a. in Reykjavík statt.

Erstes Wochenende im Juni: Tag der isländischen Seemänner. Auf Friedhöfen und Denkmälern für die ertrunkenen Seeleute werden Kränze niedergelegt. In Reykjavík ist der Hafen eine große Straßenfestmeile, meist liegen alle Boote in den Häfen.

17. Juni: Nationalfeiertag. Die Feierlichkeiten finden vor dem Parlament statt, mit Kranzniederlegung am Denkmal von Jón Sigurðsson und dem Auftritt der Bergfrau »Fjalla konan«. In Reykjavík und größeren Orten gibt es Straßenfeste mit Livemusik, die gegen Abend zur feucht-fröhlichen Fete werden.

Juni/Juli: Landsmót (alle zwei Jahre: 2010 etc.), Treffen der besten Reiter und Pferdezüchter der Insel, internationale Reitwettbewerbe, Prämierung der besten Zuchttiere. Wechselnde Austragungsorte (www.landsmot.is).

Erster Montag im August: Bankfeiertag. Einer der wichtigsten Ausflugstage im Sommer. Fällt der Tag auf den 2. August, so hat man den Eindruck, als würden alle jungen Isländer auf Heimaey leben, dort findet nämlich der zweite Nationalfeiertag für die Westmänner statt.

Zweites Wochenende im August: Gay Pride. Bunte Parade der Schwulen und Lesben in Reykjavík (www.gaypride.is).

3. Samstag im August: Reykjavík Cultural Night. An der Kulturnacht beteiligen sich Kultureinrichtungen, Kirchen und Cafés. Ein Feuerwerk bildet den Abschluss. Am Vormittag findet der Reykjavík-Marathon statt (www.marathon.is).

September: Réttir. Der Schafabtrieb ist der Höhepunkt des Herbstes. Obwohl anstrengend und langwierig, hat sich diese Arbeit zur Attraktion entwickelt, einige Unternehmen bieten Touren an. Wenn alle Schafe im Rett und auf die Höfe verteilt sind, beginnt der gesellige Teil mit Essen, Trinken, Tanz und Gesang.

Ende Sept./Anfang Oktober: Reykjavík Jazz Festival (www.jazz.is).

Oktober: Iceland Airwaves. Festival der isländischen Nachwuchsbands mit Auftritten von Pop- und Rockgrößen aus Europa und den USA. Rund 500 Talentsucher lauschen dem aktuellen Sound des Landes in Clubs, Bars oder Theatern in Reykjavík (www.icelandairwaves.com).

Dezember: Weihnachten. Das Familienfest findet vom 24. bis 26.12. statt, aber der ganze Dezember steht im Weihnachtsglanz mit Weihnachtsmärkten und längeren Ladenöffnungszeiten. Dreizehn Weihnachtsmänner bereiten die Kinder auf das Fest vor: Ab dem 12. Dezember kommt jeden Tag einer aus der schrägen Sippe der Jólesveinar (»Weihnachtskobolde«). Am 24. sind alle versammelt und danach verschwinden sie wieder einer nach dem anderen, bis sie sich am 6. Januar endgültig verabschiedet haben.

Essen und Trinken

Islands kulinarisches Angebot ist quasi zweigeteilt: Auf dem Land wird die heiße Liebe der Isländer zu Hot Dog *(plysur),* Pommes Frites *(franskar)* mit Mayonnaise und anderem Fast Food deutlich, das vor allem in Ketten- oder Tankstellenrestaurants serviert wird. Doch zumindest in Reykjavík, Akureyri und anderen Zentren mit mehr als 5000 Einwohnern kommen nicht nur die vergleichsweise wenigen Lebensmittel, die im Land produziert werden, in exzellenter Qualität auf die Teller – Lamm- und Hammelfleisch, Schellfisch, Dorsch oder Heilbutt und, zwischen Mai und September, frischer Wildlachs –, in vielen Restaurants der Städte werden Köstlichkeiten aus aller Welt angeboten.

Da Essen im Restaurant die Urlaubskasse arg strapaziert, bieten Gaststätten im ganzen Land günstigere Mittagsmenüs (meist ab ca. 12 Uhr) sowie spezielle Abendessen (meist ab ca. 18 Uhr) unter dem Etikett »Tourist Menu« an. Für Kinder gibt es dabei nochmals Rabatte.

Traditionsküche auf dem Land

Fast Food kann schnell eintönig werden. Abwechslung schaffen überwiegend Hotelrestaurants. Die dort eher vertretene traditionsorientierte Küche bietet manches, was auch Mitteleuropäern mundet. So etwa den Frischkäse *skyr,* daneben frisch geräuchertes Lamm oder, als Variante, *saltkjöt,* gesalzenes Lammfilet, das man kalt oder warm essen kann. Mit etwas Glück findet man ein vergleichsweise festes Roggenbrot, als Snack auch *súrmjolk,* Sauermilch, oder herrlich frische Heringe, teilweise in süßer Marinade. Klassische Spezialitäten der isländischen Küche sind streng nach Ammoniak riechender *hákarl* (fermentierter Hai) oder *svið,* halbierte und gebackene Lammköpfe. Dazu schmeckt *rúgbrauð,* ein süßes, dunkles Roggenbrot, das in einigen Gegenden noch in heißen Quellen gegart wird. Teils wird auch Pferdefleisch gegessen. Im September und Oktober, wenn die Schafe geschlachtet werden, kommen Schafswürste *(slátur)* ins Angebot, darunter viel Blut- *(blóðmör)* und Leberwurst *(lifrarpylsa).* Als Delikatesse gilt Papageitaucher *(lundi),* erhältlich z.B. auf den Westmänner-Inseln.

Getränke

Das nach Meinung vieler beste Getränk gibt es umsonst und draußen: frisches Quellwasser, das meist so rein ist, dass es zur Herstellung von Mineralwasser verwendet und sogar ins Ausland exportiert wird. Testen Sie das Angebot mit Marken wie Akva, Ice Blue, Iceland Spring oder Natural Icelandic Mineral Water.

Säfte, Limonaden – auch kalorienarme – und Milch sind in den meisten Geschäften oder Supermärkten günstig zu haben.

Es wird eine Kaffeekultur gepflegt, die überraschen mag – wer würde so hoch im Norden Espressobars wie die der Kaffeehauskette Kaffitár erwarten? Selbst auf dem Land schenkt man nachmittags gegen 16 Uhr frischen Filterkaffee aus; in Tankstellencafeterias wird zum Preis einer Tasse ein- oder mehrfach nachgefüllt.

Urlauber mit einem Faible für Hochprozentiges sollten sich besser bei Ankunft im Duty-free-Bereich des Flughafens im Rahmen des Erlaubten eindecken als in den staatlichen Alkohol-Läden VÍNBÚÐ. Bis auf die in Supermärkten erhältlichen Leichtbiere ist Alkohol nämlich extrem teuer. Das gilt auch für das einheimische helle Bier (Viking, Egils), das nur in Restaurants, Kneipen oder bei VÍNBÚÐ verkauft wird.

Die besten Fischrestaurants

■ Das edle Lokal **Humarhusið** ist bei den Reykjavíkern beliebt. › S. 50
■ Der kleine Fischladen **Sea Baron** am Hafen von Reykjavík hat die beste Hummersuppe der Stadt. › S. 50
■ Die Landesspezialität Salzfisch kann man im **Salthúsið** in Grindavík in verschiedenen Variationen probieren. › S. 61
■ **Bautinn** in Akureyri bietet köstliche Fischgerichte in großer Vielfalt und angenehme Atmosphäre. › S. 88
■ Auch die Reykjavíker kommen gern in den charmanten Ort Stokkseyri, um im Restaurant **Við Fjöruborðið** Hummer zu essen. › S. 119

Unterwegs in Island

Entdecken Sie die einzelnen Reiseregionen –
jeweils mit den schönsten Touren, allem
Sehens- und Erlebenswerten, Hotel-, Restaurant-,
Nightlife- und Shoppingtipps

Reykjavík, Goldener Kreis und Reykjanes

Nicht verpassen!

- Kaffee trinken am Austurvöllur
- Freitag- oder Samstagnacht ausgehen in 101 Reykjavík
- Den Blick von Perlans Terrasse auf den Großraum Reykjavík, besonders an einem dunklen Abend
- Einen Besuch in Gljúfrasteinn, dem ehemaligen Wohnhaus von Halldór Laxness
- In Garðskagi die Mitternachtssonne mit Blick auf den Snæfellsjökull genießen
- Ein Bad in der Blauen Lagune

Zur Orientierung

Reykjavík und seine Umgebung sind der ideale Einstieg für eine längere Islandreise, eignen sich aber auch für einen Kurztrip. Auf kleinem Raum lernt man viele Facetten der Insel im hohen Norden kennen, Kultur, Natur und historische Zeugnisse liegen vor allem am Goldenen Kreis mit den weltberühmten Attraktionen Þingvellir, Geysir/Strokkur und Gulfoss nahe beieinander. Auf der Halbinsel Reykjanes bestaunt man urwüchsige Lavalandschaften und besucht typische Fischerorte.

Reykjavík, nördlichste Hauptstadt der Welt mit ca. 120 000 Einwohnern, ist Sitz vieler Museen und Gourmetrestaurants, Heimat mehrerer Theater ebenso wie Standort sämtlicher wichtiger Behörden – und Islands bedeutendstes Wirtschaftszentrum. Mit glitzernden Shoppingzeilen und schicken Bars zieht Reykjavík vor allem die Jugend aus dem In- und Ausland magnetisch an.

Wer sich Islands Kapitale vom Flughafen Keflavík nähert, durchfährt die Nachbarorte Hafnarfjörður, Garðabær und Kópavogur, die ein großes urbanes Gebiet bilden. Immer neue Stadtteile mit mehrspurigen Straßen werden in die Lava gebaut. In den alten Vierteln finden sich oft überraschend grüne Gärten mit hohen Bäumen.

Reykjavíks fast dörfliches Zentrum am Austurvöllur

Das historische Zentrum Reykjavíks wirkt mit seinen Sträßchen und bunten, wellblechverkleideten Häusern fast dörflich. Mit angesagtem Schick begeistern die Boutiquen des Laugavegur, trendig sind die Bistros, Bars und Clubs in den Straßen ringsum. Auch das Eventprogramm › S. 35 kann sich sehen lassen. Der Mix aus kosmopolitischem Großstadtgepräge und nettem Inselcharme macht den Reiz Reykjavíks aus.

Touren in der Region

Mit dem Fahrrad entlang der Küste

⟨4⟩ Laugardalur › Höfði › Alter Hafen › Seltjarnarnes › Nesstofa › Suðurströnd › Nauthólsvík › Laugardalur

Dauer: 1 Tag
Praktische Hinweise: Fahrräder verleihen Borgarhjól, Hverfisgata 50, Tel. 551 5653, www.borgarhjol.net, der Campingplatz im Laugardalur-Park und das Youth Hostel › S. 53. Badesachen für das Schwimmbad nicht vergessen! Während der Brutzeit der Seevögel (Juni/Juli) ist der Weg von Grótta zum Golfplatz gesperrt, dann fährt man durch den Ort.
› auch Karte S. 46

Diese Fahrradtour beginnt im **Laugardalur** beim Zeltplatz und führt in nordwestlicher Richtung zur Küste. Man passiert **Höfði* ❯ S. 49, sieht die neuen Büro- und Bankgebäude und kommt an Kunstwerken vorbei. Weiter geht es am **Alten Hafen** mit seinen Fischerbooten entlang, anschließend folgt man dem gut ausgebauten Radweg neben der Straße Norðurströnd, der von Reykjavík in die Nachbarstadt **Seltjarnarnes** ❯ S. 51 führt. Reizvoll ist der Blick über die Bucht Faxaflói bis zum Vulkan Snæfellsjökull. Tafeln an dem großen Parkplatz informieren über die hier brütenden Seevögel. Der schöne Strand ist ein beliebtes Ausflugsziel mit weitem Blick übers Meer, Brandung und Seevögel inklusive. Am äußersten

Zipfel der Halbinsel steht der **Leuchtturm Grótta;** bei Ebbe kann man zu ihm hinüberlaufen.

Weiter geht es durch das Naturschutzgebiet bis zum Teich Bakkatjörn und zu einem windumtosten, aber sehr schön gelegenen Golfplatz. Im Ort Seltjarnarnes lohnt z.B. **Nesstofa** einen Blick, ein Steinhaus (1761–63) für den ersten, von Dänemark eingesetzten Arzt auf Island. 1772 wurde hier auch die erste **Apotheke** des Landes eingerichtet (zu besichtigen). Auch das **Museum der Medizin** befindet sich im Gebäude (Umbau bis voraussichtl. 2009).

Zur Erholung bietet sich eine Pause im örtlichen Schwimmbad an ❯ **Special** S. 92. Entlang des Suðurströnd stehen schöne Villen; es macht Spaß, einen Blick in

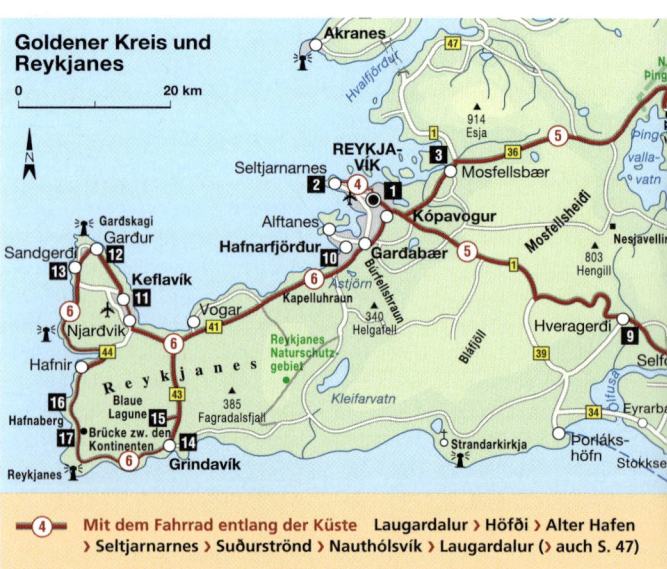

Goldener Kreis und Reykjanes

0   20 km

④ **Mit dem Fahrrad entlang der Küste** Laugardalur ❯ Höfði ❯ Alter Hafen ❯ Seltjarnarnes ❯ Suðurströnd ❯ Nauthólsvík ❯ Laugardalur (❯ auch S. 47)

⑤ **Der Goldene Kreis** Reykjavík ❯ Mosfellsbær ❯ Þingvellir ❯ Laugarvatn ❯ Geysir ❯ Gullfoss ❯ Skálholt ❯ Hveragerði ❯ Reykjavík

die hübsch gestalteten Gärten zu werfen. Man kann die meiste Zeit in Strandnähe fahren, doch einige Abschnitte sind nicht befestigt.

Der Radweg führt um den Flughafen herum bis zum Strandbad **Nauthólsvík** ❯ Special S. 92 und dem Wald am Öskjuhlíð mit seinen Spazierwegen. Von hier aus fährt man zurück zum Campingplatz bzw. ins Zentrum.

Der Goldene Kreis

> ⑤ **Reykjavík** ❯ **Mosfellsbær** ❯ **Þingvellir** ❯ **Laugarvatn** ❯ **Geysir** ❯ **Gullfoss** ❯ **Skálholt** ❯ **Hveragerði** ❯ **Reykjavík**
>
> **Dauer:** 2 Tage
> **Praktische Hinweise:** Fast alle großen Hotels in Reykjavík

> ⑥ **Rund um die Halbinsel Reykjanes** Reykjavík ❯ Hafnarfjörður ❯ Keflavík ❯ Garður ❯ Brücke zwischen den Kontinenten ❯ Grindavík ❯ Blaue Lagune ❯ Reykjavík

bieten diese Tour als Tages-Busausflug an. Unabhängiger ist man natürlich mit einem Mietwagen: So lohnt sich der Besuch des Gullfoss am späten Abend, um die Mitternachtssonne zu genießen.

Im Sommer finden in Skálholt an manchen Wochenenden Konzerte statt.

Nur zwei Tage dauert diese Tour, doch sie zählt zu den Highlights jedes Islandaufenthalts. Die Rundtour nennt sich poetisch »Goldener Kreis« – nach ihrem Ziel, dem Gullfoss (»Goldener Wasserfall«). Doch auch zischende Geysire und viel Geschichte im Þingvellir-Nationalpark bestimmen den Charakter der Fahrt – schließlich begann im Südwesten die Besiedelung Islands.

Man startet in ****Reykjavík** ❯ S. 45 und fährt nach **Mosfellsbær** ❯ S. 54, dann die Straße Nr. 36 entlang, die am ****Halldór-Laxness-Museum Gljúfrasteinn** ❯ S. 54 vorbeiführt. Von ****Þingvellir** ❯ S. 54, das wegen seiner historischen und geologischen Bedeutung zum Welterbe der UNESCO zählt, folgt man der Straße Nr. 365 zum See ***Laugarvatn** ❯ S. 56. Anschließend geht es auf den Straßen 37 und 35 bis zum ***Geysir** ❯ S. 57 mit seinem kleinen, spuckfreudigeren Nachbarn ****Strokkur** ❯ S. 57. Im **Hótel Geysir** ❯ S. 57 kann man übernachten, doch vorher sollte man noch die wenigen Kilometer bis zum »goldenen« ****Gulfoss** ❯ S. 57 fahren, der im Spätnachmittagslicht schimmert, als sei er mit Blattgold überzogen. Am nächsten Tag führt die Fahrt über den alten Bischofssitz **Skálholt** ❯ S. 58 und über das Gartenbauzentrum ***Hveragerði** ❯ S. 58 wieder zurück nach Reykjavík.

Rund um die Halbinsel Reykjanes

> ⑥ **Reykjavík** ❯ **Hafnarfjörður** ❯ **Keflavík** ❯ **Garður** ❯ **Brücke zwischen den Kontinenten** ❯ **Grindavík** ❯ **Blaue Lagune** ❯ **Reykjavík**

Dauer: 2 Tage
Praktische Hinweise: Für die westliche Küstenregion braucht man einen Pkw, deshalb bietet sich die Tour auch als Abschluss einer Reise an, bevor man das Auto am Flughafen zurückgibt. Zwischen Reykjavík und Keflavík und von dort nach Garður und Hafnir verkehren Busse; außerdem ermöglicht der Flybus ❯ S. 52 das Wellness-Erlebnis Blaue Lagune kurz vor der Heimreise. Die in dieser Rundtour beschriebenen Ziele kann man auch auf kurzen Ausflügen von Hafnarfjörður aus erkunden.

Der Name der karg-schönen, stark vulkanisch geprägten Halbinsel Reykjanes setzt sich aus *reykur*, »Dampf«, und *nes*, »Landzunge«, zusammen. Aus der vulkanischen Vergangenheit haben sich die bekanntesten Geothermalgebiete Islands erhalten.

Von ****Reykjavík** ❯ S. 45 fährt man in Islands drittgrößte Stadt ***Hafnarfjörður** ❯ S. 59 und weiter nach **Keflavík** ❯ S. 60 mit dem Wikingerschiffmuseum. Auch die Küstenorte **Garður** ❯ S. 61 und **Sandgerði** ❯ S. 61 warten mit Museen auf. Zurück auf der Straße Nr. 41 biegt man bald auf die Nr. 44 ab und folgt schließlich der Nr. 425 entlang der Küste. Stoppen sollte man bei ***Hafnarberg** ❯ S. 62: Schier unglaublich ist die Lärmkulisse Abertausender Seevögel an diesen atemberaubend steilen Lavafelsen. Weiter südlich trifft man auf die **Brücke zwischen den Kontinenten** ❯ S. 62. Nun fährt man auf einer Schotterstraße über Grindavík weiter zur ****Blauen Lagune** ❯ S. 62. Hier beendet man den Tag mit einem Bad im türkisblauen Wasser und übernachtet in der Blue Lagoon Clinic. Am nächsten Tag besucht man **Grindavík** ❯ S. 61 mit dem Salzfischmuseum, bevor es nach Reykjavík zurückgeht.

Wichtige Adressen

- Zu Reykjavík ❯ S. 52
- Über Reykjanes informiert die Website www.reykjanes.is

1 Unterwegs in **Reykjavík 1

Das Zentrum

Einen guten ersten Eindruck von der Stadt vermittelt der **Laugavegur** mit seiner Verlängerung, der **Bankastræti.** Beide Straßen sind ein Shoppingrevier für klassisch-isländische Wollpullis, Kleidung, CDs, Bücher und mehr.

Þjóðmenningarhús Ⓐ

Das Árni-Magnússon-Kulturhaus zeigt mittelalterliche Originalmanuskripte, z.B. der Sagas und der Edda (Hverfisgata 15, tgl. 11 bis 17 Uhr, www.thjodmenning.is).

**Austurstræti Ⓑ und Aðalstræti

Die **Austurstræti** mit ihren zahlreichen Bistros und Bars wandelt sich vor allem in lauen Sommernächten samstags zur Open-Air-Partymeile.

Um **Aðalstræti,** die 1762 befestigte, älteste Straße der Stadt, deren Namen einfach Hauptstraße bedeutet, gruppieren sich die ältesten Häuser Reykjavíks. Hier fand man bei Ausgrabungen auch die Reste eines Langhauses, das nun im Kontext der Ausstellung **871 +/-2 Ⓒ zu sehen ist. Sie dokumentiert spannend und unterhaltsam die Siedlungsgeschichte Reykjavíks. Ihr Name bezieht sich auf das Entstehungsdatum des Langhauses (tgl. 10–17 Uhr, www.reykjavik871.is).

An der Ecke zur Hafnarstræti steht das 1850 gebaute rote **Falkenhaus Ⓓ**, in dem die isländi-

Blick über Reykjavíks bunte Häuser Richtung Nordosten

schen Jagdfalken des dänischen Königs gehalten wurden. Heute ist dort ein Souvenirshop. Eine Anlaufstelle für alle Neuankömmlinge ist Reykjavíks Touristeninformation im Haus Nr. 2.

Hafenhaus Ⓔ

Im Hafnarhúsið präsentiert das Kunstmuseum Reykjavík Wechselausstellungen, und man kann sich hier ausführlich mit dem **Werk des isländischen Malers Erró** › S. 34 befassen (Tryggvagata 17, tgl. 10–17 Uhr, www.listasafn reykjavikur.is).

Ecl g

Einen tollen Blick auf den alten Hafen bieten die Panoramafenster in der Cafeteria sowie die Bücherei des Hafnarhús.

46

Direkt am Hafen entsteht das Konzert- und Konferenzzentrum CCC. Die geplante Eröffnung Ende 2009 ist allerdings wegen der Finanzkrise unsicher.

Unweit vom Hafnarhús kann man im **Hvalstöðin-Walcenter,** untergebracht auf dem Schiff »Fífill«, Beobachtungsfahrten zu den Riesen der Meere buchen > S. 22.

Parlament und Domkirkjan **F**

Neben dem eher unscheinbaren **Parlamentsgebäude** (Alþingishús) am Austurvöllur wacht die kleine weiße Lutherische **Domkirkjan**, die 1796 gebaut wurde, nachdem der Bischofssitz von Skálholt > S. 58 hierher verlegt worden war (Mo–Fr 10–17 Uhr).

A Þjóðmenningarhús
B Austurstræti
C 871 +/-2
D Falkenhaus
E Hafenhaus
F Domkirkjan
G Rathaus
H Nationalmuseum
I Listasafn Íslands
J Nordisches Haus
K Hallgrímskirkja
L Ásgrímur-Jónsson-Sammlung
M Kunstmuseum Reykjavík
N Naturhistorisches Museum
O Höfði
P Ásmundarsafn
Q Botanischer Garten
R Laugardalslaug
S Perlan

4

Mit dem Fahrrad entlang der Küste

Sigurjón-Ólafsson-Museum

Sæbraut

Sundlaugarvegur

R

Laugardalur-Park

Q

Sigtún

P

Reykjavík Zoo

Suðurlandsbraut

Family Garden

Ármúli

Háaleitisbraut

4

Kringlumýrarbraut

Ármúli

Skeifan

Safamýri

Fellsmúli

Miklabraut

Kringlan

ughafen Keflavík

Árbæjarsafn →

Rathaus ❻

Sehr viel neuzeitlicher zeigt sich das 1992 eingeweihte, wegen seiner postmodernen Architektur umstrittene Rathaus. Im Souterrain gibt ein ca. 5 x 5 m großes Reliefmodell der Insel einen hervorragenden Überblick über Gletscher, Täler, Vulkane, Fjorde und über das Straßennetz von Island (Mo–Fr 8–19, Sa/So 12–18 Uhr). Von der Cafeteria hat man einen schönen Blick auf den Tjörnin.

*Tjörnin-See

Das Rathaus grenzt an den idyllischen See, der für seine Vogelvielfalt bekannt ist. Mitten in der Stadt nutzen Stockenten und Küstenseeschwalben den Teich als Brutrevier, dümpeln die seltenen Eiderenten oder, im Winter, die nicht minder raren Singschwäne auf dem Wasser.

*Nationalmuseum ❽

An der Südwestseite des Sees kann man im Nationalmuseum (*Þjóðminjasafn Íslands*) Exponate sehen, die bis zur Zeit der ersten Besiedelung reichen und die Kulturgeschichte des Landes dokumentieren – ein hervorragender Überblick über Islands Geschichte (Mai–Mitte Sept. tgl. 10–17, sonst Di bis So 11–17 Uhr, Eintritt frei, www.natmus.is).

Listasafn Íslands ❾

In der Nationalen Kunstgalerie sind Werke bekannter Maler wie Ásgrímur Jónsson in Dauerausstellungen vertreten. Daneben gibt es wechselnde Schauen mit Werken isländischer Nachwuchskünstler (Di–So 11–17 Uhr, Eintritt frei, www.listasafn.is).

Nur wenige Schritte von hier zeigt das Red Rock Cinema die **Vulcano Show** ❯ Special S. 120.

Nordisches Haus ❿

In diesem Kulturzentrum der nordischen Länder, das der finnische Architekt Alvar Aalto 1968 entworfen hat, gibt es immer wieder interessante Ausstellungen und eine gute Cafeteria.

Aus der Stadtgeschichte

Die Gründung Reykjavíks geht auf Wikinger Ingólfur Arnarson zurück. Er wollte 870 die Götter über seinen neuen Wohnort entscheiden lassen und warf die Säulen seines Hochsitzes über Bord. Wo sie antrieben, wollte er siedeln. Man fand die Säulen erst drei Jahre später an einem Ort mit vielen heißen Quellen und Schlammlöchern: im Laugardalur-Tal östlich der heutigen Altstadt. Arnarson benannte die Bucht Reykjavík, Rauchbucht.

1786 erhielt die kleine Handelsstation die Stadtrechte, und 1800 tagte erstmals das Alþing in dem Ort, dessen wirtschaftlicher Aufschwung unter anderem dank besserer Verkehrsverbindungen um die Wende vom 19. zum 20. Jh. begann. Gleichzeitig schnellte die Zahl der Einwohner sprunghaft in die Höhe. Heute leben im Großraum Reykjavík rund 190 000 Menschen.

Hallgrímskirkja ⓚ

Der Bau der hoch emporragen-den, weithin sichtbaren Kirche begann 1937, doch erst 1974, nach Lösung bautechnischer und finanzieller Probleme, konnten Turm und Kirchenflügel fertiggestellt werden, das Hauptschiff wurde sogar erst 1986 geweiht.

Die Architektur des Gotteshauses soll die isländische Landschaft widerspiegeln: die Außenfassade z.B. die Basaltsäulen der Steilküste, das schneeweiße Interieur das Eis der Gletscher. Benannt ist sie nach dem Pastor und Rímur-Dichter Hallgrímur Pétursson. Wer mit dem Lift auf den 73 m hohen Turm fährt, hat einen fabelhaften Blick über die Stadt, an klaren Tagen bis hinüber zum schneebedeckten Snæfellsjökull (Turm und Kirche tgl. 9–17 Uhr).

*Ásgrímur-Jónsson-Sammlung ⓛ

Die farbenfrohen impressionistischen Stadtansichten von Reykjavík und auch andere Gemälde von Ásgrímur Jónsson (1879–1958) wirken inspirierend – in seinem Studio kann man sich davon überzeugen (Juni–Aug. tgl. 13.30 bis 16 Uhr).

Kunstmuseum Reykjavík ⓜ

Islands Landschaften bannte Jóhannes S. Kjarval (1885–1972) auf Leinwand, das Werk dieses berühmtesten Malers des Landes im 20. Jh. zeigt das Kunstmuseum Reykjavík im **Kjarvalsstaðir** (tgl. 10–17 Uhr).

Himmelstürmend: die Hallgríms-kirkja, das Wahrzeichen Reykjavíks

Naturhistorisches Museum ⓝ

Ein Intensivkurs über Flora und Fauna der Insel bietet das lehrreiche **Náttúrufræðistofnun**, das Museum der Naturhistorischen Gesellschaft (Juni–Aug. Sa/So, Di/Do 13–17 Uhr, Sept.–Mai 13.30–16 Uhr, www.ni.is).

*Höfði ⓞ

Um die von einem Neubau bedrängte hölzerne Jugendstilvilla rankt sich eine Legende: Hier soll der Geist Móri sogar während des Gipfeltreffens zwischen Michail Gorbatschow und Ronald Reagan 1986 gespukt und Telefon- sowie Faxverbindungen gestört haben. Ob Móri wohl heute noch Gäste der Stadt im offiziellen Empfangshaus irritiert?

Sæbraut-Promenade

Verschiedene Installationen reihen sich entlang der Hafenpromenade auf, so etwa auf einer kleinen Landzunge das stählerne, gut 15 m lange Wikingerschiff

49

Sólfar des zeitgenössischen Reykjavíker Künstlers Jón Gunnar Árnason, mit dem an die mutigen Entdeckungsfahrten der Nordleute erinnert werden soll.

Restaurants

■ Humarhusið

Amtmannsstígur 1][Tel. 561 3303
Echt gut! **Exzellente Fischgerichte in urigem Ambiente,** bei den Einheimischen beliebt. Tgl. nur Dinner. ●●●

■ Lækjarbrekka

Bankastræti 2][Tel. 551 4430
Hier genießen auch Reykjavíks Feinschmecker viele isländische Spezialitäten und Köstlichkeiten. Tgl. Lunch und Dinner. ●●●

■ Sea Baron

Geirsgata 101][Tel. 553 1500
Fischladen und kleines Restaurant **Echt gut!** direkt am Hafen. Hier gibt es die **beste Hummersuppe der Stadt.** ●

■ Zahlreiche und gute **Cafés** und **Bistros** findet man auf dem Laugavegur und am Austurvöllur sowie in deren Nachbarschaft.

Shopping

■ Kolaportið

Geirsgata und Tryggvagata 19
Sa/So 11–17 Uhr.
Am Wochenende ist das ehemalige Zollhaus Schauplatz eines kuriosen Flohmarkts.

■ Spakmannsspjarir

Bankastræti 11
Hier findet man ungewöhnliche Mode von isländischen Designern.

■ Mál og Menning

Laugavegur 18
Die Buchhandlung bietet eine gute Auswahl an Büchern über Island (meistens in Englisch).

Außerhalb des Zentrums

Laugardalur-Park

*Ásmundarsafn ℗

Das Ásmundur-Sveinsson-Skulpturen-Museum lohnt schon wegen des auffälligen Gebäudes: Zwei oben gekappte Pyramidensockel aus Quadersteinen rahmen den Ausstellungstrakt, den eine Kuppel überdacht. Das futuristisch wirkende Ensemble wurde schon 1942 konzipiert. Hier hatte der 1982 verstorbene Künstler sein Studio. Den Skulpturengarten mit mehr als 30 seiner Werke plante Sveinsson ebenfalls selbst (tgl. Mai–Sept. 10–16, Okt.–April 13–16 Uhr). Viele der Skulpturen sind auch in verschiedenen Orten des Landes zu sehen.

Botanischer Garten ℚ

Etwas östlicher ließ 1929 Eiríkur Hjartson im Laugardalur die ersten Bäume pflanzen. 1955 erwarb die Stadt das Gelände und baute es zum **Botanischen Garten** (*Grasagarður*) aus, wo mehr als 400 Pflanzenarten gedeihen und ein Streichelzoo Kinder begeistert (15.5.–15.8. tgl. 10–18 Uhr, 21.8. bis 14.5. tgl. 10–17 Uhr).

Laugardalslaug ℝ

Eines der schönsten Bäder in Reykjavík! Es bietet ein 50-m-Becken, vier bis zu 44 °C heiße Hot Pots und eine große Wasserrutsche sowie Massageservice (Tel. 553 4039, Buslinie 14).

Perlan ⑤

Auf dem 61 m hohen, bewaldeten Hügel Öskuhlíð, wo 135 Pflanzenarten wachsen, stehen Heißwassertanks, die rund 20 Mio. Liter speichern. Damit werden Bereiche Reykjavíks beheizt. Auf den Tanks ruht eine spiegelnde Glaskuppel, die dem markanten Gebäude seinen Namen gab: die Perle. Im Foyer der Perle stellen gelegentlich Künstler ihre Bilder oder Kunsthandwerk aus, das Panoramarestaurant (s. unten) serviert exzellente Küche. Zudem zeigt das in Perlan untergebrachte moderne **Saga Museum** multimedial die wichtigsten Stationen der Geschichte Islands. An klaren Tagen genießt man von der **Aussichtsterrasse** einen grandiosen Blick auf die Stadt, das Meer und die Hügelkette der Mosfellsheiði (tgl. 10–18 Uhr, www.perlan.is).

Südlich von Perlan liegt Islands einziger Meeresstrand bei **Nauthólsvík** ❭ Special S. 92

Perlan mit künstlichem Geysir

vegur 110, Südost-Reykjavík, Tel. 510 7600, Buslinien 12 und 24).

**Freilichtmuseum Árbæjarsafn

Um die gleichnamige Farm aus dem Jahr 1464 wurde im Stadtteil Árbær ein Dorf mit etwa 30 Häusern, z.T. aus Torf, errichtet, wo das Leben vergangener Tage nachgestellt wird. An Sonn- und Feiertagen gibt es traditionelle Tänze, Trachten- und Handwerkvorführungen (Kistuhyl 4, Juni–Aug. tgl. 10–17 Uhr, sonst Mo, Mi und Fr geführte Touren um 13 Uhr, Tel. 411 6300, www.arbaejarsafn.is).

Restaurant

Perlan

Öskjuhlíð][**Tel. 562 0200**
Hier werden beim stilvoll-romantischen Candlelight-Dinner mit Blick aufs Lichtermeer der Stadt gerne Ehe- und Liebesschwüre gehaucht. Tgl. Dinner. ●●●

Árbæjarlaug

Ein weiteres empfehlenswertes Bad – neben einem Becken mit Massagedüsen, Minigeysiren und Wasserspeiern gibt es hier eine Riesenrutsche und einen Wellnessbereich mit Dampfbad und Solarium (im Elliðaár-Tal, Fylkis-

Seltjarnarnes ❷

Im westlichen Nachbarort Reykjavíks erstreckt sich ein wunderschöner Strand mit dem Leuchtturm Grótta – ein idealer Ort für Spaziergänge. ❭ S. 42

Info

Tourist Information Centre
Adalstræti 2][**Tel. 590 1550**
Fax 590 1501][**www.visitreykjavik.is**
1. Juni bis 15. September tgl. 8.30 bis
19 Uhr, sonst Mo–Fr 9–18, Sa 9–16,
So 9–14 Uhr.

Verkehr

■ **Leifur Eiríksson Airport**
in Keflavík][**ca. 35 km südwestlich**
von Reykjavík][**Tel. 425 0600**
www.keflavikairport.com
Hier starten und landen alle internationalen Flüge. Vom Flughafen fahren **Fly-**
bus (www.re.is/flybus) und **Taxis** in die
Stadt (ca. 45 Min.). Tickets für den Flybus gibt es an der Touristeninformation
im Flughafengebäude und im Bus. Von
den meisten Hotels und Gästehäusern
sowie von der Jugendherberge besteht
ein Busshuttle zum BSÍ-Terminal (s.u.),
wo der Flybus abfährt bzw. ankommt.
■ **Reykjavík Airport**
südlich der Altstadt][**Tel. 570 3030**
Flughafen für Inlandsflüge; Anreise per
Taxi oder Bus 15.
■ **Stadtbusse** (www.bus.is) fahren
werktags ab 7, So und Fei ab 10 Uhr
alle 20 bis 30 Min. bis Mitternacht;
Sa und So Nachtbusse bis 4 Uhr. Das
Netz ist relativ dicht; weit in der Stadt
herum kommt man mit den S-Linien 1
bis 6. Große Umsteigestationen sind
Hlemmur und Lækjartorg.
Von Juni bis August gibt es auch einen
Sightseeingbus (10–16 Uhr; 2000 ISK)
mit Hop-on-hop-off-System.
■ **Fernbusse** in alle Landesteile ver-
kehren ab **BSÍ-Terminal**, Vatnsmýrar-
vegur 10, Tel. 562 1011, www.bsi.is.
■ Die **Reykjavík Tourist Card** enthält
die Benutzung der Stadtbusse sowie
freien Eintritt in viele Museen, Ther-

malbäder, den Familien- und Tierpark.
Die Karten gibt es z.B. bei der Tourist-
Info. Erhältlich für 1, 2 oder 3 Tage
(1200, 1700 oder 2200 ISK).

Hotels

■ **Borg**
Pósthússtræti 11][**Tel. 551 1440**
www.hotelborg.is
Das 1930 erbaute ==Luxushotel im==
==Zentrum schwelgt im Art déco== –
selbst die Einzelzimmer sind mit Liebe
zum Detail eingerichtet. ●●●

■ **Holt**
Bergstaðastræti 37][**Tel. 552 5700**
www.holt.is
Etwas antiquiertes Grandhotel der
Relais & Chateaux-Kette; alle Zimmer
zieren Landschaftsgemälde isländi-
scher Maler. Das Restaurant gehört zu
den besten der Stadt. ●●●
■ **Hilton Hotel Nordica**
Suðurlandsbraut 2][**Tel. 444 5000**
www.hilton.com
Das große Haus östlich des Zentrums
ist ein schickes Designerhotel mit
Gourmetrestaurant und Spa. Beson-
ders schön sind ==Zimmer mit Blick auf==
==den Tafelberg Esja.== ●●●
■ **Room with a view**
Laugavegur 18][**Tel. 552 7262**
(Juni–Aug., sonst Tel. 562 4000)
www.roomwithaview.is
Die perfekt eingerichteten Apartments
bieten Wohlfühlraum für alle. Ideal für
Familien. Sehr zentrale Lage. ●●–●●●
■ **Garður Inn**
Hringbraut][**Tel. 511 5900**
www.inns-of-iceland.com
Studentenwohnheim an der Universi-
tät, das in den Sommermonaten als
Hotel genutzt wird. Einfache, zweck-
mäßige Zimmer, Bad/Dusche auf dem
Flur. Auch Schlafsackunterkünfte. ●●

Karte
Seite 46

■ **Baldursbrá**

Laufásvegur 41][**Tel. 552 6646**
http://notendur.centrum.is/~heijfis
Eine gute Adresse: acht schöne
Zimmer, Whirlpool auf der Terrasse und
freundliche, deutschsprachige
Betreuung. ●●

■ **Dúna**

Suðurhlíð 35][**Tel. 588 2100**
www.randburg.com/is/duna
Das ganzjährig geöffnete Gästehaus
bietet recht große, zweckmäßig eingerichtete Zimmer mit Etagenbädern,
aber auch Schlafsackunterkünfte. ●

■ **Hólmfríður**

Skólavörðustíg 16][**Tel./Fax 562 5482**
holmfridur@holmfridur.is
Toller Blick über die Stadt, gemütliches
Gästehaus, Mai–Ende Dez. geöffnet. ●

■ **Youth Hostel**

Sundlaugavegur 34][**Tel. 553 8110**
www.hostel.is
Ganzjährig geöffnete Jugendherberge
mit 160 Betten im Laugardalur-Park.
Gute Busverbindungen ins Zentrum. ●

Restaurants

■ **Einar Ben**

Veltusundi 1][**Tel. 511 5090**
Top-Gourmet-Lokal für Prominenz und
Polit-Größen mit Interieur im viktoria-
nischen Stil. Di–So Dinner. ●●●

■ **Gallery Restaurant**

im Hotel Holt (> links)
Schwere Möbel, doch herrlich leichte
Gourmetküche und die wohl beste
Weinkarte der ganzen Insel. Hier
speisen vor allem Gourmet-Touristen.
Tgl. nur Dinner. ●●●

■ **Apótek Bar & Grill**

Austurstræti 16][**Tel. 575 7900**
Ein Bistro und Szene-Treff, gelungener
Mix aus Jugendstil, Art déco und Post-
moderne. Tgl. Lunch und Dinner. ●●

Elegant: Apótek Bar & Grill

■ **Tapasbarinn**

Vesturgata 3 b][**Tel. 551 2344**
Sehr angesagt bei der Jeunesse dorée:
eine Mischung aus libanesischer und
spanischer Küche. Trend-Drink: Fresita-
Erdbeersekt. Tgl. Lunch und Dinner. ●●

■ **Eldsmiðjan**

Braggagata 38 a][**Tel. 562 3838**
Richtig gute Traditionspizzeria seit
1986. Tgl. Lunch und Dinner. ●

Shopping

■ Das **Shopping-Center Smáralind** in
Reykjavíks südlicher Nachbarstadt
Kópavogur, Hagasmári 1, vereint rund
70 Geschäfte aller Art. Busse 24, 28
und S 2, Mo–Fr 11–19, Do 11–21,
Sa 11–18, So 13–18 Uhr.

■ Mehr als 150 Geschäfte, Cafés und
Restaurants bietet die **Kringlan Mall**,
Kringlan 8–12/Listabraut, Busse S 1,
S 3, S 4, S 6, Mo–Mi 10–18.30, Do bis
21, Fr bis 19, Sa 10–18, So 13–17 Uhr.
Hier gibt es alles – von teuren Pelzen
über Landkarten, Outdoor- und Sport-
bedarf bis hin zu Juwelen.

53

Reykjavíks lebendige Szene

Zentrum des lebhaften Nachtlebens ist die Altstadt, nach ihrer Postleitzahl auch als »101 Reykjavík« bekannt.

■ **Sommertheater (Ferðaleikhúsið)**
Iðnó (am Tjörnin)][**Tel. 551 9181**
Im Juli und August werden Mo und Di um 20.30 Uhr Szenen aus Islands Geschichte und Literatur in Englisch gespielt (fragen Sie an der Kasse nach der deutschen Übersetzung).

■ **The Dubliner**
Hafnarstræti 4][**Tel. 511 3233**
Irlandfeeling in Island: irische Musik bei Guinness vom Fass.

■ **NASA**
Austurvöllur][**Tel. 511 1313**
Angesagter Nachtclub mit Livemusik von Jazz bis Hardcore Rock.

■ **Gaukur á Stong**
Tryggvagata 22][**Tel. 551 1556**
www.gaukurinn.is
Großer Musik- und Tanzclub, tolle Wochenendpartys.

Unterwegs in der Umgebung

Der Goldene Kreis

Mosfellsbær 3
Hauptattraktion der Stadt ist das ehemalige Wohnhaus des Dichters und Nobelpreisträgers Halldór Laxness, ****Gljúfrasteinn.** Eine anschauliche Audioführung (auch deutsch) vermittelt Leben und Werk von Islands Nationaldichter. Von seinem Arbeits- und Schlafzimmer genoss Laxness (1902–1998) den schönen Blick in die Landschaft, die ihn stets inspirierte. (Tel. 586 8066, tgl. 10 bis 17 Uhr, www.gljufrasteinn.is)

**þingvellir 4
Auf den ersten Blick werden sich Besucher fragen: Was ist dran an diesem Platz 50 km östlich der Hauptstadt, außer der scharfkantigen, wie mit einer Säge aus dem Gestein geschnittenen Schlucht? Nun, abgesehen davon, dass hier isländische Geschichte geschrieben wurde, kann man in der **Allmännerschlucht** *(Almannagjá)* mit einem Bein in Europa, mit dem anderen in Amerika stehen, denn hier befindet sich die **Nahtstelle zwischen europäischer und amerikanischer Kontinentalplatte.** Wie aktiv die Kontinentaldrift ist, zeigte ein Erdbeben

1789: Binnen zehn Tagen sackte damals der Boden um 67 cm ab.

Westlich der Almannagjá erkennt man am Berg die Überreste einfacher Steinbehausungen; in diesen *Buðir* wohnten wichtige Goden während der Versammlungen des AlÞings › unten.

Am östlichen Ufer des Öxará-Flusses markiert heute die um 1860 erbaute **Þingvalla-Kirche** (Mai–Sept. tgl. 9–19.30 Uhr) jenen Ort, an dem die erste isländische Kirche nach der Bekehrung zum Christentum im Jahre 1000 stand. Im Inneren sind das Altarbild des Dänen Niels Anker, die hölzerne Kanzel (1863) und ein silberner Hostienkelch (1743) zu sehen. In den nebenstehenden Holzhäusern wohnen der Pfarrer

sowie der Direktor des 50 km^2 großen Nationalparks.

Auf dem großen, malerischen **Þingvalla-See** im Nationalpark bietet **Arctic Rafting** von Mai bis September Kajaktouren an. Informationen und Buchung: Tel. 562 7000, www.arcticrafting.com.

Info

■ **Servicezentrum Þingvellir**
an der Straße Nr. 36 (Abzweigung nach Þingvellir)][Tel. 482 2660
Mai–Sept. 8.30–20 Uhr.
Informationen und Angellizenzen.
■ **Multimedia-Informationszentrum**
oberhalb der Almannagjá
www.thingvellir.is
April–Okt. tgl. 9–17 Uhr.
Multimediale Ausstellung mit Touchscreens (Eintritt frei).

AlÞing in Þingvellir

Im Frühsommer des Jahres 930 versammelten sich erstmals die 36 Goden, freie Bauern, die zugleich die Oberhäupter der Godentümer waren, um das rechtliche Zusammenleben auf der Insel zu ordnen. Die gewaltige Schlucht, die heute den Namen Almannagjá (Allmännerschlucht) trägt, schien ideal: die Felsen als Tribüne für stimmgewaltige Redner, die Ebene für das Publikum. Dem ersten AlÞing folgten weitere, immer während der »zehnten Sommerwoche« (also meistens Ende Juni/Anfang Juli). Vom Lögberg aus, dem »Gesetzesfelsen«, trug der für drei Jahre gewählte Lögsögumaður, der Gesetzessprecher, die Verordnungen den bis zu 5000 Zuhörern auswendig vor – und zwar jeweils zu einem Drittel, so dass er mit der rechtskräftigen Verkündung erst mit Ende seiner Amtszeit fertig war. Ein von den Goden gewähltes oberstes Gericht, die Lögrétta, fällte Urteile, die meist sofort umgesetzt wurden – Missetäter wurden als Geächtete in Verbannung geschickt oder an Ort und Stelle hingerichtet.

332 Jahre funktionierte diese frühparlamentarische Verwaltung reibungslos, dann geriet Island zunehmend unter Fremdherrschaft, das AlÞing, das zunächst noch Gesetze erlassen konnte, sank zur Bedeutungslosigkeit herab. Erst von 1843 an erlangte es Schritt um Schritt seine Bedeutung wieder – diesmal allerdings nicht mehr in Þingvellir, sondern in Reykjavík.

Hotel

Hótel Valhöll
Tel. 480 7100][**www.hotelvalholl.is**
Charmantes, im Stil historischer isländischer Holzhäuser erbautes Hotel nahe der Kirche im Nationalpark. ●●●

Am *Laugarvatn 5

Umgeben von den einsamen und kargen Lavafeldern des Gjábakkahraun und Kahraun liegt der

Echt gut!

Die interessantesten Museen

■ Das **Kunstmuseum** im Hafnarhús (Hafenhaus) in Reykjavík zeigt u.a. die Werke des von Surrealismus und Pop Art beeinflussten isländischen Künstlers Erró. › S. 46
■ Das ehemalige Wohnhaus von Halldór Laxness, **Gljúfrasteinn,** ist heute ein Museum. › S. 54
■ Das **Seefahrts- und Heimatmuseum** in Garðskagi bietet eine beachtliche, liebevoll gestaltete Sammlung von Motoren. › S. 61
■ Das einzigartige **Heringsmuseum** in Siglufjörður ist ein Hit: Es präsentiert anschaulich die Bedeutung von Heringsfang und -verarbeitung in früheren Zeiten. › S. 96
■ »Steinreich« ist Petra Sveinsdóttirs bunte und fröhliche **Mineraliensammlung** in Stöðvarfjörður. › S. 106
■ Das **Gletschermuseum** in Höfn ist ein Muss für alle Fans von Kälte und Eis. › S. 107
■ Wenn man nur ein einziges volkskundliches Museum in Island besuchen kann, ist das **Skógasafn** in Skógar die allererste Wahl. › S. 116

»See der warmen Quellen« mit dem gleichnamigen kleinen Ort. An einer der Quellen namens Vígðalaug wurde der Sage nach 1550 der in Skálholt hingerichtete beliebte Bischof Jón Arason vor seiner Bestattung reingewaschen. Im Sommer erreicht der See durchaus Badetemperaturen: Heiße Quellen und die Sonne heizen ihn dann auf bis zu 20 °C auf.

Lust auf ein **Schwitzbad mit Seeblick?** Direkt am Ufer des Laugarvatn lockt, in Höhe des Edda-Hotels Íkí (s.u.), das sehr typische **Gufubaðið** mit Thermaldampf aus dem Erdinneren und einem Heißwasserbecken (Tel. 486 1235).

Hotel

Edda-Hótel Húsmæðraskóli Íkí
Tel. 444 4820][**www.hoteledda.is**
Geöffnet 12. Juni bis 24. August. Sommerhotel, manche Zimmer mit Seeblick, gutes Restaurant und Sportmöglichkeiten wie Schwimmen und Golfen. ●●

Camping

Laugarvatn
Tel. 486 1155][**tjaldo@simnet.is**
Komfortabler, sehr gepflegter und empfehlenswerter Platz mit guter Anbindung. Mai–Aug. geöffnet.

Restaurant

Lindin
Laugarvatn][**Tel. 486 1262**
Für ländliche Verhältnisse erstaunlich gute Fisch- und Wildgerichte. Probieren Sie die herrliche frische Räucherforelle oder die Fischsuppe nach Art des Hauses. April–Sept. tgl. 11.30–22 Uhr. ●●

Haukadalur

Das Thermalfeld namens »Habichtstal« ist vor allem für seine Geysire berühmt. Sehenswert sind auch die vielen Kalksinterbecken mit bläulich schimmerndem Wasser sowie Fumarolen und Schlammtöpfen.

*Stóri (Großer Geysir) 6

Er gab allen Springquellen der Welt den Namen: der Stóri oder Große Geysir am Fuß des Laugarfjall. Seit einem starken Erdbeben im Juni 2000 macht der Stóri nach fast 100-jähriger Pause wieder Versuche zu sprühen. Doch meist schafft er nur wenige Meter; vorbei die Zeiten, als die Fontäne über 60 m hoch stieg.

2 **Strokkur

Dafür erfreut der nur 100 m entfernte kleine Nachbar Strokkur (»Butterfass«) verlässlich die meist in Scharen versammelten Touristen mit hohen Fontänen. Etwas weiter westlich hat man von einem Aussichtspunkt einen **tollen Blick über das Hochtemperaturgebiet** (vulkanische Zone, in der über 150 °C heißes Wasser austritt) – und nachmittags, bei Sonne, das beste Fotolicht.

Info

Geysir Center
über Hótel Geysir][Tel. 480 6800
www.geysircenter.com
Im Sommer tgl. 9–22 Uhr.
Hier kann man 3-D-Animationen von Vulkanausbrüchen, berstenden Gletschern und anderen Naturereignissen sowie eindrucksvolle Fotos ansehen.

Der Geysir Strokkur schleudert seine Fontänen oft bis zu 20 m in die Höhe

Hotel

Hótel Geysir
Tel. 480 6800
www.geysircenter.com
Das Hotel im Blockhausstil mit Pool und rustikalen Zimmern oder Blockhütten sowie Restaurant bietet die seltene Chance, die Geysire morgens in Einsamkeit zu erleben. ●●–●●●

3 **Gullfoss 7

Besonders schön präsentiert sich der großartige Wasserfall abends, wenn die tief stehende Sonne die feine Gischt aus den Kaskaden in jenes goldfarbene Licht taucht, das dem Spektakel den Namen gab. Vom unteren Parkplatz führt ein glitschiger Weg bis an die Kante des kleinen Canyons – man sollte sich wasser-

Der Gulfoss liegt in einer Ebene, umso spektakulärer stürzt er in die Tiefe

fest kleiden und Foto- oder Videokamera vor der kalten Dusche schützen. Die Hvítá, ein Gletscherfluss des Langjökull, rauscht zunächst über eine 11 m hohe Gesteinstreppe, ehe das Wasser an einem zweiten Vorsprung weitere 21 m hinabstürzt.

Skálholt 8

Über 700 Jahre lang hatte der Bischofssitz (südlich von Laugarvatn an der Str. 31) enorme Bedeutung für Island und seine Geschichte. Die moderne Kirche erinnert an diese Zeit, bevor Zerstörungen durch ein Erdbeben die Geistlichkeit 1785 bewogen, nach Reykjavík umzuziehen. In der Krypta, der 1963 geweihten Domkirche, die auf dem Platz der früheren Kirchen steht, liegen die Gebeine der Bischöfe von Skálholt. Während der Sommermonate finden Konzerte statt (www.sumartonleikar.is, Tel. 562 1028).

*Hveragerði 9

Öde Lava, nichts als öde Lava – ausgerechnet hier, gute 30 Autominuten von Reykjavík, soll sich eines der Gartenbauzentren Islands befinden? Das Hochtemperaturgebiet Hengill rings um die Stadt (2284 Einw.) lässt kaum darauf schließen, dass hier auf mehr als 18 Hektar Fläche bunte Tropenblumen und -früchte, saftige Gurken oder Tomaten angebaut werden, man gar in einem Café unter Palmen sitzen kann und Landwirtschaftsschüler aus ganz Skandinavien in der staatlichen Gartenbauschule unterrichtet werden.

Dank Islands geologischer Besonderheit können zahllose Gewächshäuser im Ort mit heißem Dampf aus zwei 350 m tiefen Bohrlöchern versorgt werden. Natürlich muss der Natur im dunklen Winter mit Infrarotlicht nachgeholfen werden. Die Pflanzen gedeihen auf einer Mischung aus Lehm, Torf und vulkanischer Asche. Nach Hveragerði kommen viele Hauptstädter, um sich mit Blumen, Obst und Gemüse einzudecken ebenso wie zum Golfspielen oder Angeln. **Schnupper-Ritte auf echten Island-Pferden** oder Reiterferien ermöglicht der Reiterhof **Elðhestar** (Vellir, Tel. 480 4800, www.eldhestar.is) etwas südlich von Hveragerði.

Info

Ferðaþjónusta Suðurlands
Sunnumörk 2–4 (Einkaufszentrum)
Tel. 483 4601][**Fax 483 4604**
www.southiceland.is
Sommer Mo–Fr 9–17, Sa/So 12 bis 16 Uhr, Winter Mo–Fr 9–16.15 Uhr.

Hotels

■ **Hótel Örk**
Breiðamörk 1c][**Tel. 483 4700**
www.hotel-ork.is
Das große Hotel mit 85 Doppelzimmern bietet Golf- und Tennisplätze. Business-Zimmer, Restaurant. ●●●

■ **Frumskógar**
Frumskógar 3
Tel. 483 4148 oder 896 2780
www.frumskogar.is
Nettes Gästehaus mit einfachen Zimmern und schicken Apartments für 2 bis 4 Personen. ●—●●

Restaurant

Café Eden
Austurmörk 25][**Tel. 483 4900**
Hier können Sie vor tropischer Gewächshaus-Kulisse nicht nur Kaffee und Kuchen, sondern auch Grillspezialitäten und diverse Snacks genießen. ●

Die Reykjanes-Halbinsel

*Hafnarfjörður 🔟

Die drittgrößte Stadt Islands (25 000 Einw.) schmückt sich mit einem attraktiven Ortsbild, dem Wikingererbe – und Elfen. Letztere sollen im Botanischen Park **Hellisgerði** in der Stadtmitte leben. Tatsächlich wirken die Kontraste von Blumenrabatten und dem wohl nördlichsten Bonsaigarten der Welt inmitten erkalteter Lavablasen bizarr. Führungen zu den Elfen > Special S. 19.

Hafnarfjörður blickt auf eine interessante Geschichte zurück, rund 200 Jahre war hier der Haupthafen der Hanse in Island. In den Gebäuden des **Heimat- und Schifffahrtsmuseums** wird die Historie lebendig präsentiert: **Sívertsens-Hús** (Vesturgata 6, tgl. 11–17 Uhr) ist das ehemalige Wohnhaus des Händlers Bjarni Sívertsen (1760–1833), der als Vater der Stadt gilt. Auch das **Geschichtsmuseum** (Sjóminjasafn Íslands; Vesturgata 8, tgl. 11 bis 17 Uhr) sowie das **Arbeiterwohnhaus Siggubær** (Kirkjuvegur 10, Sa/So 13-17 Uhr) vom Beginn des 20. Jhs. gehören zum Museum.

Zurück in die Zeit der Landnahme reist man im Wikingerdorf **Fjörukráin.** Seine schwarzen Holzgebäude zieren Drachenköpfe. Am Wochenende (18.30 und 20.30 Uhr) werden beim Wikingertheater Szenen aus der Zeit der Besiedelung Islands nachgespielt (Strandgata 55). Zum Komplex gehören ein Kulturhaus, das Wikingerlokal **Fjorugarðurinn** (tgl. ab 12 Uhr, ●●), das Gourmetrestaurant **Fjaran** (tgl. 18–22.30 Uhr, ●●●) und ein Hotel (s.u.).

Info

Tourist Information
Strandgata 6][**Tel. 585 5555**
www.hafnarfordur.is Broschüre in Englisch unter »Take a break«)
Mo–Fr 8–17 Uhr, im Sommer auch Sa/So 10–15 Uhr.

Hotels

■ **Hótel Viking**
Strandgata 55
Tel. 565 1213 oder 565 1890
www.fjorukrain.is
Echt gut! **Wohnen mit Wikinger-Charme** – 46 moderne lichte Zimmer in einer umgebauten alten Schmiede. Bietet einen Hot Pot und Ausflüge. ●●●
■ **Hafnarfjörður Guesthouse** und Camping **Viðistaðatún**
Hjallabraut 51][**Tel. 565 0900**
www.hafnarfjordurguesthouse.is
Moderne größere Unterkunft und guter Platz (Mitte Mai–Mitte Sept.). ●

Restaurants

■ **Hansen**
Vesturgata 4][**Tel. 565 1130**
Sehr gute isländische Küche und »Elfenmenüs« in einem urigen Haus aus dem 18. Jh., einem der ältesten in der Stadt. Exzellent: das hausgebackene Brot. Tgl. ab 12 Uhr. ●●—●●●●
■ **Súfistinn**
Strandgata 9
Nettes Café im ältesten Steinhaus des Ortes mit leckeren Gerichten (auch vegetarisch) und feinem Kuchen. Mo–Fr 8.30–23.30, Sa/So ab 10/12 Uhr. ●

Shopping

Fjörður
Fjarðargata 13–15
Das kleine Einkaufszentrum führt Bekleidung, Outdoor- sowie Sportartikel und hat gemütliche Espressobars.

Festival

Alljährlich im Juni gibt es beim **Hafnarfjörður-Festival** Darbietungen der Wikinger, wie Schwertkämpfe oder Reiterspiele, daneben klassische Konzerte, Kino- und Theateraufführungen.

Keflavík ⑪

Zusammen mit seinen Nachbarorten Njarðvík und Hafnir bildet Keflavík die Gemeinde Reykjanesbær. Lange verband man Keflavík mit der dort stationierten US Airbase, die 2006 aufgegeben wurde. Aufgrund der guten Lage ist der Ort schon seit dem 16. Jh. ein wichtiger Hafen. Entlang der Küste gibt es schöne Spazierwege, reizvoll sind die Basalthöhlen im alten Hafenbereich **Grófin.**

In Njarðvík befindet sich ein altes Grassodenhaus, **Stekkjarkot** (Do–So 11–16 Uhr). Nicht weit entfernt wird ein großes **Museum** für das **Wikingerschiff »Íslendingur«** (»der Isländer«) gebaut, Thema werden auch die beeindruckenden Fahrten vor rund 1000 Jahren zwischen Norwegen und Kanada sein (Eröffnung im Sommer 2009). Das Schiff ist ein exakter Nachbau (1994–1996) des Wikingerbootes »Gokstad« und wurde von Gunnar Eggertsson, der ein direkter Nachfahre Leif Eirikssons sein soll, geschaffen. Es segelte im Jahr 2000 von Island aus nach Grönland, Kanada und in die USA, bevor es schließlich in Keflavík einen festen Hafen fand.

Restaurants

■ **Kaffi Duus**
Duusgata 10][**Tel. 421 7080**
Die vielfältigen Fischgerichte und der Hafenblick lohnen den Besuch. ●●

■ **Kaffitár**
Stapabraut 7][**Tel. 420 2700**
Ein Café mit kleinen Gerichten in Islands Kaffeerösterei. Sehr schön ist auch der Laden. So geschl. ●

Garður 12 und Sandgerði 13

Der kleine ehemalige Fischerort **Garður** besitzt zwei Leuchttürme, die an der Landspitze ****Garðskagi** stehen. Von der Landspitze, die ein bedeutendes Vogelbrutgebiet ist, hat man einen herrlichen Blick über die Bucht Faxaflói. Der jüngere Leuchtturm von 1944 ist mit seinen 28 m der höchste des Landes. Lohnend ist ein Besuch des ****Seefahrts- und Heimatmuseums** (tgl. 13–17 Uhr), wo neben einer beachtlichen Motorensammlung auch alte Gebrauchsgegenstände wie Radios oder Kühlschränke zu sehen sind.

Nichts erinnert heute mehr in dem kleinen **Sandgerði** an seine frühere Bedeutung als dänischer Handelsplatz. Am Ortseingang steht eine Skulptur mit dem Namen »Verzauberung«. Das **Naturhistorische Zentrum** (tgl. 9–17 Uhr) gibt Aufschluss über die Verbindung Mensch und Natur, vor allem in Hinblick auf das Meer und seine Lebewesen.

Leuchtturm an Grindavíks Küste

Restaurant

Café Flösin
Garður][**Tel. 422 7214**
Neben den selbst gemachten Kuchen und Suppen gibt es einen tollen Ausblick von der Terrasse. ●

Grindavík 14

Schon die frühen Siedler ließen sich hier nieder, im Mittelalter war der Ort ein wichtiger Handelsplatz. Heute verfügt Grindavík über einen der bedeutendsten Häfen. Das **Salzfischmuseum** informiert über die Geschichte der Salzfischherstellung (tgl. 11 bis 18 Uhr). Grindavík ist zudem guter Ausgangspunkt für Wanderungen, so z.B. auf den 243 m hohen Tuffberg Þorbjarnafell.

Restaurant

Salthúsið
Stamphólsvegur 2][**Tel. 426 9700**
Die Spezialität des Hauses ist Salzfisch. Aber auch Lammgerichte sind im Angebot. ●–●●

Echt gut!

Die Blaue Lagune zählt zu den Besuchermagneten Islands

4 ****Blaue Lagune** 15

Spätestens kurz vor dem Heimflug wird ein Besuch in Islands berühmtestem Badeparadies nahe dem internationalen Flughafen auf dem Programm stehen. Ein Geothermalkraftwerk nutzt die örtlichen Thermalquellen zur Energieerzeugung und speist dann das heiße Wasser in die moderne Anlage der *Bláa Lónið*. Zu jeder Jahreszeit kann man im großen Außenbecken im gut 40 °C warmen Nass, das Mineralsalze, Kieselerde und Algen enthält, baden oder sich mit Schönheitsanwendungen verwöhnen lassen. ❭ Special S. 93.

Hotel

Blue Lagoon Clinic
Tel. 420 8806][**www.bluelagoon.is**
Nur fünf Gehminuten von der Lagune entfernt bietet die Kurklinik auch für Nicht-Kurgäste gemütlich eingerichtete Zimmer an. ●●

***Hafnarberg** 16

Der Vogelfelsen zählt zu den größten seiner Art in ganz Island und ist wohl nur darum nicht so bekannt wie z.B. Látrabjarg in den Westfjorden ❭ S. 76, weil man ihn ausschließlich mit einer 40-minütigen Wanderung erreichen kann (von Kalmanstjörn, südlich von Hafnir, aus). Hier erlebt man das Geflatter und Gewusel Zehntausender Papageitaucher, Lummen, Möwen, Gryllteisten, Eissturmvögel und anderer geflügelter Bewohner.

Brücke zwischen den Kontinenten 17

Von einem Parkplatz an der Straße Nr. 425 geht man zu der 18 m langen Brücke aus Holz und Stahl. Sie überspannt den Graben zwischen der eurasischen und der nordamerikanischen Kontinentalplatte, der sich von hier bis Öxarfjörður im Nordosten zieht.

Der raue Westen

Nicht verpassen!

- Eine Münze in die Snorralaug werfen – das soll Glück bringen oder zumindest einen Wunsch erfüllen
- Noch mehr Wunscherfüllung: Besteigen Sie schweigend den Helgafell bei Stykkishólmur, ohne dabei nach links und rechts oder nach hinten zu blicken
- Bei Búðir am Strand spazieren gehen, die Weite und die helle rötliche Färbung des Sandes bewundern
- Sich zu den Papageitauchern am Látrabjarg setzen und ein tolles Tierfoto schießen
- Die Nordlichter! Sie sollen in den Westfjorden am schönsten sein

Zur Orientierung

Was unterscheidet Islands Westen vom Rest der Insel? Malerische Fjorde, gewaltige Vulkankegel, Vogelfelsen, kleine Ortschaften, die sich im Wind zu ducken scheinen? Nein, es ist vor allem das Gefühl, sich stets an der schmalen Grenze zwischen Zivilisation und ungezähmter, einsamer Wildnis zu bewegen. Obwohl die Westfjorde immerhin 10% der Landesfläche einnehmen, wohnen gerade 4% aller Isländer dort.

Die Region erstreckt sich im Süden von Akranes am Hvalfjörður bis in den Norden zum Hornbjarg im abgelegenen Hornstrandir. Im Osten reicht sie ins Hochland mit den Gletschern Langjökull und Eiríksjökull, im Westen umfasst sie die Halbinsel Snæfellsnes und das Gebiet Westfjorde. Der Westen ist landschaftlich ungemein abwechslungsreich: mit grünen Wiesen, grauen Lavafeldern, Gletschern und den vielleicht schönsten Wasserfällen Islands, Hraunfossar und Dynjandi. Vielen Sagen und historischen Spuren begegnet man hier.

Noch heute ist die Fischerei der wichtigste Wirtschaftszweig in den Westfjorden und auf Snæfellsnes, auch wenn die meisten Orte ihre frühere Bedeutung längst verloren haben. Schöne, helle Strände laden zu Spaziergängen ein, immer wieder gibt es Gelegenheit, ganz allein mit der überwältigenden Natur zu sein.

Touren im Westen

Zwischen Hvalfjörður und Húsafell

━7━ (Reykjavík › Mosfellsbær ›) Hvalfjörður › Reykholt › Húsafell › Borgarnes

Dauer: 3 Tage
Praktische Hinweise: Für diese Tour braucht man unbedingt einen Pkw, nur so kann man die kleinen Nebenstraßen fahren und viel entdecken. Busverbindungen gibt es nur nach Borgarnes und Reykholt.

Etwa 17 km nördlich von Reykjavík › S. 45 erreicht man zunächst Mosfellsbær › S. 54 und bald darauf den **Hvalfjörður.** Seit ihn ein Tunnel unterquert, geht es auf der ehemaligen Ringstraße um den 30 km langen Fjord – heute Nr. 47 – recht ruhig zu, so dass man gemütlich steile Berge und hübsche Wasserfälle besichtigen kann. Eine Pause bietet sich z.B. am östlichen Endpunkt des Fjordes an, am Parkplatz am Fluss Botnsá. Von dort kann man zum höchsten Wasserfall Islands, ****Glymur,** wandern (ca. 4 Std. hin und zurück). In **Miðsandur** gab es einen Stützpunkt der US-Navy, danach – bis 1989 – eine Walfangstation. An der Nordseite des Fjords in **Saurbær** liegt ein alter Pfarrhof, in dem der Dichter Hallgrímur Pétursson tätig war. In der Kirche (1957) sind schöne Glasfenster zu sehen.

Kurz vor Saurbær zweigt die Straße 520 ab, die an Seen mit etlichen Sommerhäusern vorbeiführt. Nach rund 25 km stößt sie auf die Nr. 50, von der es nach weiteren 14 km auf der Nr. 518 nach Reykholt geht. Knapp einen Kilometer hinter dem Abzweig, in Richtung Borgarnes, sprudelt die **Deildartunguhver,** die ergiebigste heiße Quelle der Welt. 180 l kochendes Wasser schießen pro Sekunde aus ihr hervor, 1,7 Mio. l pro Tag. In **Reykholt** › S. 70 kann man übernachten und am nächsten Tag das Snorri-Museum ansehen. Am Nachmittag geht es dann weiter in den Erholungsort **Húsafell** › S. 70. Auch dort lohnt eine Übernachtung, damit man am nächsten Tag die Karsthöhlen besichtigen kann. Danach bricht man nach **Borgarnes** › S. 69 auf, wo man auf den Spuren des Sagahelden Egil wandelt.

Auf der Halbinsel Snæfellsnes

— ⑧ — **Borgarnes › Búðir ›**
Snæfellsjökull-Nationalpark ›
Hellissandur › Stykkishólmur

Dauer: 2–3 Tage
Praktische Hinweise: Diese Tour ist auch per Linienbus gut zu meistern.

Auf der Südseite der Halbinsel verläuft die Straße 54 von **Borgarnes** › S. 69 aus zunächst durch eine Moorlandschaft: Die Mýrar-Ebene ist ein wasserreiches einstiges Gletschergebiet, das von Stichstraßen durchzogen wird, die alle zum Meer führen. Wenn nach kurzer Fahrt der 112 m hohe, symmetrische Ringwallkrater **Eldborg** am Horizont auftaucht, ist die Halbinsel Snæfellsnes erreicht.

Hinter der Brücke über den Fluss Haffjarðará zweigt rechter Hand die kleine, gut befahrbare Piste 567 ab. Nach ca. 1 km erreicht man nahe des Hofs **Gerðuberg** markante Basaltfelsen: sechseckige Säulen, die sich wie Soldaten beim Appell aneinanderreihen. Ca. 5 km weiter nördlich rauschen mehrere Wasserfälle und ein kleiner Bach. Ein Pfosten markiert die **Rauðamelsölkelda,** eine der größten Mineralquellen Islands, deren Wasser Heilwirkung haben soll.

Beim Hof **Ytri-Tunga** führt eine kleine Piste zum Meer hinab, wo sich oft Seehunde sonnen. Nördlich von Lýsuvatn liegt der Reiterhof **Lýsuhóll.** Wer sich dort (auch Ferienhäuser, Tel. 435 6716, www.lysuholl.is) anmeldet, kann in einem Schwimmbad in temperiertem Sodawasser baden, das aus einer nahen Quelle sprudelt.

Erst 15 km vor **Búðir** › S. 73 nähert sich die Straße wieder der Küste. Hier sind die Sandstrände hell, für Island eher ungewöhnlich. In den kleinen Orten **Arnarstapi** › S. 73 oder **Hellnar,** die an der Nr. 574 liegen, der man jetzt folgt, kann man eine Pause für einen Imbiss einlegen, bevor man

ATLANTISCHER

OZEAN

Hornt
Hælavíkurbjarg
Hornbjarg
Hornstran
Adalvík
Sæból Hesteyri

Ísafjardardjúp
22 Unadsdalur
Bolungarvík
Sudureyri
Ísafjördur **Æde**
9 **21**
61
Pverfell
▲ 676
Reykjane
Arngerdar
60
Pingeyri
20 Hrafnseyri
Selárdalur
19 Dynjandifoss
18 Fjallfoss **9**
Bíldudalur
Patreks- **53**
Örlygshöfn fjördur **9**
Hvallatur **15** Reykjafjördur
9 Breidavík Brjánslækur **60**
420 **16** **14**
17 Hnjótur **62** **9**
Látrabjarg

9 Flatey

Breidafjördur

Brokey
12
Stykkishólmur **8**

11 Hnjótur
Bjarnahöfn
Hellissandur **7** Gérdub
10 Grundarfjördur
Ólafsvík **8** Snæfellsnes
6 Snæfells- **54**
448 ▲ jökull **9** **8**
Dritvík Sóng- Budir Ytri-Tunga
hellir **8** Arnastapi
Djúpalónssandur **9** Hellnar
Malarrif

Faxaflö

Snæfellsnes und Westfjorde

0   30 km

N

in den kleinen Nationalpark am Fuße des **Snæfellsjökull-Gletschers** › S. 71 gelangt. Hier bieten sich immer wieder Abstecher an die Buchten an, wie z.B. nach **Dritvík.** Von **Hellissandur** › S. 72 aus empfehlen sich schöne Wanderungen auf und am Gletscher, dafür sollte man zwei Nächte im Ort bleiben.

Wer nicht wandern möchte, übernachtet nur einmal und fährt schon am nächsten Morgen weiter entlang der Nordseite der Halbinsel. Unterwegs lohnen sich Pausen z.B. in **Ólafsvík** › S. 74 oder in dem hübsch gelegenen Ort **Grundafjörður.**

Für den direkten Weg nach Stykkishólmur bleibt man auf der Nr. 54, doch kurz hinter Hraunsfjörður lohnt noch ein besonderer Abstecher: Rechts zweigt eine durchaus Pkw-taugliche Piste durch das Lavafeld **Berserkjahraun** ab. Die graugrüne, moosbewachsene Lava hat die bizarrsten Formen gebildet. Die Piste mündet in die Straße Nr. 56, die wieder auf die 54 führt. Dann geht

7
Zwischen Hvalfjörður und Húsafell Mosfellsbær › Hvalfjörður › Reykholt › Húsafell › Borgarnes

8
Auf der Halbinsel Snæfellsnes Borgarnes › Búðir › Snæfellsjökull-Nationalpark › Hellissandur › Stykkishólmur

9
Durch die Westfjorde Stykkishólmur › (Dalir) › Brjánslækur › Látrabjarg › Dynjandi › Ísafjörður

es auf der 58 noch einmal 10 km gen Norden, bis man **Stykkishól-mur** › S. 74 erreicht.

Durch die Westfjorde

**⑨ Stykkishólmur ›
(Dalir ›) Brjánslækur › Látra-bjarg › Dynjandi › Ísafjörður**

Dauer: 3 Tage
Praktische Hinweise: Entlang der südlichen Strecke der Westfjorde gibt es keine Orte, vorher einkaufen und im Sommer die Unterkünfte vorab reservieren, da sie manchmal ausgebucht sind.
Für die kurvenreichen Küsten- und Bergstraßen benötigt man sehr viel mehr Zeit, als der Blick auf die Landkarte vielleicht vermuten lässt. Man kann auch nach Ísafjörður flie-gen, sich dort einen Wagen mieten und die Tour in umge-kehrter Reihenfolge fahren; dann spart man sich die Anrei-se von Reykjavík und kann sich ganz auf die Westregion konzentrieren.

Von **Stykkishólmur** › S. 74 gibt es zwei Möglichkeiten, nach Brjáns-lækur zu gelangen: Etwa 2,5 Stun-den ist man mit der Fähre unter-wegs › S. 75. Die Schärenwelt des *Breiðafjörður* › S. 75, die man bei der Fährfahrt durchkreuzt, ist ein wichtiges Brutgebiet von See-vögeln, z.B. Krähenscharben oder Kormoranen; auf **Flatey** › S. 75, das seit 1975 teilweise unter Na-turschutz steht, nisten auch Limi-kolen wie Alpenstrandläufer.

Deutlich länger dauert die An-reise mit dem Auto auf der Straße 60 durch die Region Dalir nörd-lich von **Eiríkstaðir** › S. 75. Man sieht viel von der Fjordlandschaft, aber die Strecke zieht sich gewal-tig, denn einige Stücke sind Schot-terstraße. Kurz vor Brjánslækur verlässt man die Nr. 60 und folgt man der 62. Übernachtet wird im Fährhafen **Brjánslækur** › S. 75 oder in **Patreksfjörður** › S. 76.

Für die schöne Fahrt bis nach ****Látrabjarg** › S. 76 – ab dem Fjord Patreksfjörður folgt man der 612 – sollte man einen ganzen Tag einplanen. Vom Gästehaus am Wasserfall fährt man am nächsten Tag weiter durch die Orte der Umgebung und genießt die Fahrt – hoch auf die Plateaus und anschließend wieder hinun-ter in die Fjorde. Ein Muss ist der Stopp am Wasserfall ****Dynjandi** › S. 76. Aus der Ferne kann man seine Fächerform besonders gut erkennen. Über Þingeyri geht es nun nach **Ísafjörður** › S. 77, wo man sich von dem langen Fahrtag erholen kann und am nächsten Tag die Stadt zu Fuß erobert.

Wichtige Adressen

■ **Westfjords Tourism Office**
Markaðsstofa Ferðamála, Aðalstræti 7, 400 Ísafjörður, www.westfjords.is
■ **West Iceland Marketing**
Tourist Information Centre, Hyrnan, Bruartorg 1, 310 Borgar-nes, Tel. 437 2214, www.west.is

Unterwegs im Westen

Akranes ❶

Zementfabrikation und Fischerei-wirtschaft – diese Erwerbszweige bilden das wirtschaftliche Rückgrat der Stadt (6300 Einw.), die zwei irische Mönche um 880 gegründet haben sollen.

Das sehenswerte **Volkskundemuseum** zeigt ein buntes Sammelsurium: historische Klassenzimmer, alte Fotoapparate, Fotos der Stadt aus dem Jahr 1898, zwei restaurierte Oldtimer, eine Nachbildung des Fischerboots »Sæunn« von 1874 und den restaurierten, 1885 in England gebauten Segelkutter »Sigufari« (Garðagrund, www.museum.is, Sommer tgl. 10–17 Uhr, sonst 13–17 Uhr). Als erstes isländisches Betongebäude entstand 1872 bis 1882 das gelbe Pfarrhaus in der Skólabraut.

Info

Tourist Information
im Museum][**Tel. 431 5566**
Öffnungszeiten wie Museum, s.o.

Hotel

Hótel Glymur
Nordseite des Hvalfjörður
Tel. 430 3100][**www.hotelglymur.is**
Schon die Lage mit Blick über den Hvalfjörður von der Nordseite lohnt den Aufenthalt. Auch die geschmackvollen Zimmer und Aufenthaltsräume, z.B. eine Bibliothek, verlocken dazu, hier länger als eine Nacht zu bleiben. Sehr gutes Restaurant. ●●●

Borgarnes ❷

Die lebendige Stadt (1900 Einw.) am Borgarfjörður fand Erwähnung in der »Egils saga«, deshalb sind alle Straßen nach Personen aus dieser Erzählung benannt. Digranes heißt der Ort in der Saga, die das Leben des Skalden-Dichters Egill Skallagrímsson beschrieb, der 900 auf dem Hof Borg bei Borgarnes geboren wurde (gest. 983). Im Park **Skallagrímsgarður** ragt ein Grabhügel auf – hier wurde Egills Vater nach Wikingerart in voller Rüstung mit seinem Pferd beigesetzt.

Landnámssetur (Besiedlungszentrum) heißt das sehr informative und gut gestaltete Museum mit Ausstellungen zur Besiedlung und der Egils saga (Brákarbraut

Sommerliches Borgarnes

13–15, Tel. 437 1600, Juni–Aug. tgl. 10–19, Sept.–Mai 11–17 Uhr, www.landnam.is).

Tourist Information
Brúartorg][**Tel. 437 2214**
Fax 437 2314][**www.west.is**
Sommer tgl. 9–18 Uhr.
Info-Center an der Tankstelle und Bus-station.

■ **Gistiheimili Bjarg**
Borganesi (Richtung Straße 54),
Tel./Fax 437 1925][**bjarg@simnet.is**
Kleines Gästehaus mit vier Zimmern, ganzjährig geöffnet. ●●

■ **Zeltplatz Motel Venus**
Borgarfjarðarbrú][**ca. 4 km südlich**
Tel. 437 2345][**motel@centrum.is**

Echt gut! Hübscher Platz am Strand mit sehr schönem Blick auf Borgarnes.

Restaurant Borgarnes
Egilsgata 14–16][**Tel. 437 1119**
www.hotelborgarnes.com
Sehr gutes Restaurant des gleichnamigen Hotels (●●).Delikates mit Fisch, Lamm und Geflügel. Tgl. ab 12 Uhr. ●●

Reykholt ❸

Hier wohnte von etwa 1200 an kein Geringerer als Snorri Sturlurson, Verfasser der »Prosa-Edda« und der »Heimskringla«, der Geschichte des norwegischen Königshauses. Gleich zweimal hatte er das damals wichtigste Staatsamt des Gesetzessprechers auf dem Alþing in Þingvellir inne. Gefolgsleute des norwegischen Königs ermordeten Snorri 1241. Über Snorri und sein Werk informiert das Museum **Snorrastofa** (im Sommer tgl. 10–22 Uhr, Tel. 435 1490, www.snorrastofa.is).

Im Juli findet in der charmanten modernen Kirche von Reykholt ein Klassik-Musikfestival statt, www.reykholtshatid.is.

Tourist Info Snorrastofa
Tel. 433 8000][**www.snorrastofa.is**
Sommer tgl. 10–18 Uhr,
Winter Mo–Fr 10–17 Uhr.

Hótel Reykholt
Tel. 435 1260][**www.fosshotel.is**
Große Zimmer und nach nordischen Göttern benannte Hot Pots findet man in diesem renovierten Hotel mit Wellness-Angeboten und Restaurant. ●●●

Hraunfossar ❹

Zu den attraktivsten der vielen Wasserfälle Islands gehört der Hraunfossar an der Straße 518 ❯ Special S. 121. Im September, wenn die Vegetation in den Herbstfarben leuchtet, ist er am reizvollsten. Daneben ergießt sich der mehrstufige Wasserfall **Barnafoss.** Sein Name »Kinderwasserfall« bezieht sich auf einen Vorfall vor langer Zeit, bei dem zwei Jungen hier ertrunken sein sollen.

Húsafell ❺

In diesem Erholungsort, in dem viele Reykjavíker ein Wochenendhäuschen besitzen, wartet ein besonderes Abenteuer: die Expedition zu den **Lavahöhlen** Surtshellir, Stefánshellir und Viðgelmir. Die zwischen 1,6 und 1,9 km langen und 5 bis 10 m hohen Kavernen entstanden, als ein rasch fließender Lavastrom eine erkaltende Hülle zurückließ, unter der sich das flüssige Erdinnere weiter bewegte. Im Sommer kann man eine Höhlenbesichtigung bei der Tourist Info buchen.

Der Hraunfossar im Reykholtsdalur

Info

Húsafell Tourist Info
Tel. 435 1550][www.husafell.is
Auch Vermietung von Ferienhäusern, Schlafsackunterkünften und Campingplätzen, Reitausflüge und Tourenangebote, z.B. zur Stefánshellir.

Unterkunft

Gamli bær (Altes Farmhaus)
Buchung über die Touristeninformation ❯ oben.
Das 1908 erbaute Haus wird seit der Renovierung 1996 als Gästehaus genutzt. Fünf Doppelzimmer und ein Hot Pot. ●

Die Halbinsel **Snæfellsnes

Dank ihrer Vielfalt auf engem Raum zählt Snæfellsnes zu den schönsten Landschaften Islands mit verwunschenen Lavahöhlen und heißen Quellen, Vogelkolonien, goldfarbenen Sandstränden, rostroten oder ockergelben Rhyolithfelsen. Der südliche und westliche Teil, das Snæfellsbær, hat nur rund 1700 Einwohner.

5 **Snæfellsjökull-Nationalpark** 6
Hauptanziehungspunkt der Halbinsel ist der Nationalpark mit dem Gletscher **Snæfellsjökull,** zugleich einer der schönsten Vulkane des Landes. Man sagt dem Berg und seiner Umgebung energetische Kräfte nach ❯ Exkurs S. 72. Nicht weniger reizvoll ist die Westküste mit Stränden, an denen man Zeugnisse vergangener Tage findet, als hier lebhafte Fischerei betrieben wurde. Der Leuchtturm von **Malarrif** markiert den südlichsten Punkt der Halbinsel, recht nahe im Osten liegen die wenig bekannten Vogelfelsen von **Þúfubjörg** mit Möwen- und Lummen-Kolonien. Im nördlichen Teil des Nationalparks führt die Straße durch das Lavafeld Neshraun.

Info

Besucherzentrum
Hellnar][Tel. 436 6888][www.ust.is
20. Mai–10. Sept. tgl. 10–18 Uhr.
Führungen, Ausstellung, Informationen, Kartenmaterial.

Der 1446 m hohe Snæfellsjökull bietet einen majestätischen Anblick

Hellissandur 🖪

Hellissandur war um 1700 ein bedeutender Handelsplatz; einige Exponate in dem liebevoll gestalteten **Fischereimuseum** zeugen davon (Tel. 436 6961, im Sommer Di–So 9.30–18 Uhr). Heute ist der kleine Ort ein ideales Standquartier für die Erkundung des Nationalparks.

Der Snæfellsjökull – ein Zauberberg?

Esoteriker vermuten in ihm eines der wichtigsten der sieben Kräftezentren (Chakren) der Erde, an dem sich viele Energiebahnen treffen. Schon in den Sagas wurde geschrieben, dass alle, die den Berg einmal gesehen haben, wieder zu ihm zurückkehren. Jules Vernes Helden reisen durch den Krater des »Sneffels Yocul« zum Mittelpunkt der Erde, und in gleich zwei Romanen von Halldór Laxness, »Am Gletscher« und »Weltlicht«, ist der Berg Schauplatz. Viele Bewohner der Snæfellsnes-Halbinsel glauben, dass auf seinem Gipfel mehrere hundert Meter hohe Lichtgestalten wohnen.

Ist der Snæfellsjökull also ein magischer Berg? Klar ist: Nicht von ungefähr wurde ein 167 km² großes Gebiet rund um den Gletscher im Juni 2001 zum Nationalpark erklärt. Natürlich geht es dabei um schützenswerte Flora und Fauna. Doch auch der Berg selbst zieht jeden in seinen Bann – und dies liegt, wie vor allem rational denkende Psychologen betonen, insbesondere an der ausgewogenen, harmonischen und zugleich faszinierenden Kegelform, die dem Snæfellsjökull eine besondere Ausstrahlung gibt. Dass viele Reisende vom Snæfellsjökull so begeistert sind, hat also mit Magie nichts zu tun – sondern mit der Schönheit des Berges.

Hotel

Hotel Hellissandur
Klettsbúð 9][Tel. 430 8600
www.hotelhellissandur.is
Komfortabel ausgestattet, organisiert
Touren in den Park, mit Restaurant. ●●

Arnarstapi 8

Am Hafen der Siedlung »Adler-
felsen« hat das Meer die malerischen, fast senkrecht abfallenden
und mehr als 20 m hohen Klippen
zu bizarren Figuren geformt. Die
fast 6 m hohe Lavastein-Skulptur
Bárður Snæfellsás von Ragnar
Kjartansson erinnert an den ersten Siedler auf Snæfellsnes.

t! Ab Arnarstapi werden **Fahrten
mit der Schneekatze auf den
Snæfellsjökull** angeboten – während der hellen Nächte im Juni
erlebt man den kurzen Sonnen-
untergang bei einer Mitternachts-
fahrt (*Snjófell*, Tel. 435 6783,
www.snjofell.is; auch geführte
Wanderungen und Mountain-
bike-Touren auf der Halbinsel).

Sehenswert ist auch die **Söng-
hellir,** erreichbar mit Allradwagen über die Piste Jökulsháls
(F 570, ❯ rechts). Die »Gesangs-
höhle« überrascht mit toller
Akustik und in den Fels geritzten
Figuren und Buchstaben aus den
vergangenen 500 Jahren. Die eins-
tige Wasserhöhle Baðstofa am
Weiler Hellnar ist leider bis auf
einen Basaltbogen eingestürzt.

Hotel

Gästehaus Gíslabær
südwestlich in Hellnar
Tel. 435 6886 oder 867 7903
gisting@simnet.is

Einfaches Haus in Panoramalage, mit
Schlafsackunterkünften. ●

Restaurant

Café Fjöruhúsið
Tel. 435 6844
Nette Adresse für Snacks und Kuchen.
Im Sommer tgl. 11–22 Uhr. ●

**Snæfellsjökull-Piste F 570

Mit einem Allradfahrzeug kann
man ca. 1 km nördlich von Arnarstapi die Piste F 570 (*Kýrskarðve-
gur* zum Jökulsháls) nach Ólafsvík
❯ S. 74 befahren, die bis dicht an
den Gletscherrand auf eine Höhe
von fast 700 m führt. An klaren
Tagen bieten sich tolle Ausblicke
über die Halbinsel, den Breiðar-
fjörður und zum Vogelfelsen Látrabjarg an den Westfjorden.

Búðir 9

Der Strand von Búðir, einst einer
der schönsten Islands mit warmem, rotgelbem Muschelsand,
hat etwas unter Abtragung durch
Stürme gelitten. Erlebenswert ist
das Lavafeld Búðahraun wegen
der rund 40 m langen, bizarr auf-
gewölbten Lavahöhle Búðahellir
sowie wegen seltener Pflanzen,
darunter bis zu 3 m große Farne.

Hotel

Hotel Búðir
Tel. 435 6700][www.budir.is
Das nach einem schweren Brand neu
errichtete Hotel bietet 28 geschmack-
voll gestaltete Zimmer, ein berühmtes
Feinschmecker-Restaurant sowie ein
komplettes Tourenprogramm für die
Umgebung an. ●●●

Ólafsvík 🔟

Schon im 17. Jh., als die Dänen über Island herrschten, befand sich dort, wo heute ca. 1000 Menschen wohnen, ein reger Handelsstützpunkt. Aus der Mitte des 19. Jhs. hat sich das historische Packhaus erhalten, das ein sehenswertes **Heimatmuseum** mit vielen Fakten über die Ortsgeschichte sowie die Touristen-Info birgt. Zudem wartet Ólafsvík mit Schwimmbad und Golfplatz auf.

Info

Tourist Info
Ólafsbraut 12][**Tel. 436 1543**
Sommer tgl. 9–19 Uhr.

Die tollsten Ausblicke

■ Von der Terrasse des Reykjavíker Wahrzeichens **Perlan** auf einem kleinen Hügel sieht man an klaren Tagen den Snæfellsjökull und in klaren Nächten ein Lichtermeer. > S. 51
■ Die Landspitze **Garðskagi** eröffnet einen weiten Blick über die Bucht Faxaflói. > S. 61
■ Auf der Fahrt entlang der **Jeeppiste F570** kann man über die gesamte Halbinsel Snæfellsnes bis zu den Westfjorden schauen. > S. 73
■ Der Aussichtsberg **Tindastóll** bietet den Rundumblick über die Skagi-Halbinsel. > S. 98
■ Kein Turm, kein Berg, sondern eine weite Hochebene: Im **Sprengisandur** hat man freien Blick auf die großen Gletscher Islands. > S. 132
■ Auf dem 1682 m hohen Tafelberg **Herðubreið** liegt Wanderern das Hochland zu Füßen. > S. 134

Hotel

H-hús

Láruvík][**Tel. 894 9284 und 436 6924**
Gemütlich eingerichtetes Gästehaus in der Nähe vom Pakkhúsið. Mitbenutzung von Küche und Wohnzimmer möglich. Einfach, aber ansprechend ausgestattete Zimmer. ●

Bjarnarhöfn 🔟

Hier steht eine der ältesten Holzkirchen Islands (1856) mit einem sehr schönen Altargemälde. Ursprung der Siedlung war einst ein Bauernhof; auf dem Hof kann man nachvollziehen, wie *Hákarl* produziert wird, fermentierter Haifisch, der zur Gärung in Erde eingegraben wird (Tel. 438 1581, www.bjarnarhofn.is).

Stykkishólmur 🔟

Südlich des Fährhafens zu den Westfjorden erhebt sich der 73 m hohe heilige Berg **Helgafell,** den der frühe Siedler Þórólfur Mostrarskegg als Platz für einen Thor-Tempel gewählt hatte. Eine Legende besagt, man müsse den Berg besteigen, ohne nach links oder rechts zu sehen, sich dann schweigend gegen Osten neigen und seine Wünsche so vortragen, dass sie niemand sonst hört – dann gehen sie in Erfüllung.

Sehenswert in dem hübschen Ort (1100 Einw.) selbst ist das 1828 gebaute Norwegische Haus, das mit hölzernen Fertigbauteilen aus Norwegen errichtet wurde. Heute beheimatet es ein **Volkskundemuseum,** das vor allem das Leben im 19. Jh. zeigt (Juni–Aug. tgl. 11–17 Uhr).

Info

Tourist Information
im Schwimmbad][Borgarbraut
Tel. 433 8120][www.stykkisholmur.is
Mo–Fr 7–22 Uhr,
Juni–Aug. auch Sa/So 10–19 Uhr.

Verkehr

Von Stykkishólmur nach Brjánslækur
tgl. 9 und 15.30 Uhr mit der Autofähre
»Baldur«, Reservierungen unter
Tel. 438 1450 oder direkt im Fährbüro
Baldur, Smiðjustígur 3 am Hafen,
www.seatours.is
Die Fahrzeit beträgt ca. 2,5 Std.

Unterkünfte

■ Hótel Stykkishólmur
Borgarbraut 8][Tel. 430 2100
www.hotelstykkisholmur.is
Großes Haus mit gutem Restaurant,
Zimmer teils mit Meerblick. ●●●
■ Heimagisting Ölmu
Sundabakki 12][Tel. 438 1435
http://frontpage.simnet.is/almdie
Englischsprachiger Familienanschluss
im B&B. ●
■ Stykkishólmur Camping Ground
Aðalgata 29][Tel. 438 1075
Gepflegter Campingplatz mit Einkaufs-
möglichkeit und Cafeteria.

Restaurant

Narfeyrarstofa
Aðalgata 3][Tel. 438 1119
Im gemütlichen alten Haus bekommt
man die Spezialität des Ortes: fang-
frische Kammmuscheln. ●●

Ausflug nach
Eiríksstaðir 13

Im Tal Haukadalur an der Straße
Nr. 586 stand einst der Hof von
Erik dem Roten. In einem nach-
gebauten Torfhaus mit Grasso-
dendach wird die Geschichte des
Wikingers und seines Sohnes Leifur Eiríksson spannend darge-
stellt. Leifur Eiríksson, der als
Entdecker Nordamerikas gilt,
wurde im 10. Jh. in diesem Tal geboren. (Tel. 434 1118, www.leif.is,
im Sommer tgl. 9–18 Uhr, mit
Café)

Die Westfjorde

Flatey

Das Inselchen, das man auf der
Fährfahrt durch den *Breiðafjörður als Zwischenstopp besuchen
kann, wirkt mit seinen alten, bunten Häusern aus dem 19. Jh., als
sei hier die Zeit stehen geblieben.
Gerne wird der Ort auch als Film-
location gewählt. Die schöne
Wanderung um die kleine Insel
dauert nur 2 Stunden. Autos
dürfen nicht auf die Insel!

Hotel

Hótel Flatey
im Dorfzentrum
Tel. 422 7610][www.hotelflatey.is
Charmantes Hotel mit schönem
Ausblick über Insel und Atlantik, mit
Restaurant. ●●●

Brjánslækur 14

Nahe dem Fährhafen liegen die
Ruinen von Flókatóttir, angeblich
die Ruinen der ersten Unterkunft
von Flóki Vílgerðarson ❯ S. 28.

Hotel

Flókalundur
6 km nördlich von Brjánslækur
Tel. 456 2011][www.flokalundur.is

Kleines, Ende Mai bis Ende September geöffnetes Hotel in schöner Lage, Campingplatz in der Nähe. ●●

Patreksfjörður 🅯

Eigentlich besteht der Ort (600 Einw.) aus zwei Gemeinden, die sich auf die beiden Halbinseln Vatnseyri und Geirseyri verteilen und bis zum Ende des 19. Jhs. nicht nur getrennt waren, sondern auch die Namen der beiden Halbinseln trugen. Man vereinte die Dörfer zu einer Kommune und benannte sie, in Anlehnung an die ersten irisch-keltischen Siedler, nach dem irischen Nationalheiligen St. Patrick.

Hotel

Stekkaból
Stekkar 19–21
Tel. 456 1675 und 864 9675
stekkabol@snerpa.is
Sehr beliebtes Gästehaus, mit 21 Zimmern eines der größeren am Ort; Koch- und Waschgelegenheit. ●

Restaurant

Þordið
Aðalstræti 73][**Tel. 456 1295**
Großes Restaurant und Pub. Gute Fisch- und Fleischgerichte, außerdem auch Fast Food. So–Do 11–23, Fr/Sa 11–3 Uhr. ●

Hnjótur 🅰

Hier lohnt das nette kleine Privatmuseum **Minjasafn Egils Ólafssonar** mit Sammlungen zum Fischfang, zur Schifffahrt und sogar zur Luftfahrt einen Besuch (Tel. 456 1511, Sommer tgl. 10 bis 18 Uhr).

6

**Látrabjarg 🅰

Der westlichste Punkt Europas ist zugleich einer der schönsten und spektakulärsten Vogelfelsen Islands. Bis zu 450 m stürzen die harschen Klippen hier in die Tiefe; die Küstenlinie ist mehr als 14 km lang. Die größte Tordalkenkolonie der Welt hat sich hier eingenistet; schätzungsweise fünf Millionen Trottellummen bewohnen den Felsen, Hunderttausende von Papageitauchern und Möwen aller Gattungen. Ein schrilles Konzert der Vogelstimmen verfolgt Besucher auf Schritt und Tritt – ein Highlight ganz sicher nicht nur für Hobby-Ornithologen.

Hotel

Breiðavík
Tel. 455 1575][**www.breidavik.is**
Gut ausgestattetes Gästehaus auf einer Schaffarm (angeblich mit Hausgeist!) nahe dem Vogelfelsen. ●●

Bíldudalur 🅱

In dem hübsch gelegenen Örtchen (190 Einw.) gibt es noch einige schöne Handelshäuser aus dem 18. und 19. Jh. zu sehen – von diesem einst quirligen Handelsstützpunkt lief das allererste Dampfschiff Islands aus.

**Dynjandifoss 🅲

Schon die Anfahrt über die Hochebene **Dynjandisheiði** ist ein Erlebnis, doch dann erst recht der Anblick des höchsten und größten Wasserfalls der Westfjorde. »Der Donnernde« ist ein treffender Name für die 186 m tief fallenden Wassermassen, die sich wunderschön fächerförmig ausbreiten.

Hrafnseyri 20

Der Ort am Arnarfjördur, Geburtsplatz des Unabhängigkeitskämpfers Jón Sigurdsson › S. 28 ist heute eine Gedenkstätte mit einer schönen Landkirche und einem Giebelhaus (Tel. 456 8260, Juni–Ende Aug. tgl. 13–20 Uhr, www.hrafnseyri.is).

Ísafjörður 21

Einer der besten Naturhäfen ganz Islands ließ die lebendige Stadt (3000 Einw.) zum Versorgungs- und Verwaltungszentrum für die gesamte Westfjord-Region aufsteigen.

Schon 1569 kamen die ersten Kaufleute hierher; geblieben ist aus dieser Zeit der gut erhaltene historische Stadtkern. Das älteste Haus Islands, *Tjöruhús*, stammt aus dem Jahr 1734. Gemeinsam mit dem angrenzenden *Krambuð*,

Nicht nur Papageitaucher bevölkern die Klippen von Látrabjarg

einem ehemaligen Laden von 1761, sowie dem 1744 erbauten *Turnhús* steht es unter Denkmalschutz.

Das in der Häusergruppe untergebrachte **Schifffahrts- und Fischereimuseum** der Westfjorde, *Neðstikaupstaður*, dokumentiert auf beeindruckende Weise

Vogelkolonien von oben nach unten

Selbst Unkundigen wird am Látrabjarg auffallen, dass Möwen oder Papageitaucher ihre Nester in ganz bestimmten Höhen angelegt haben und die Reviere der jeweils anderen Arten respektvoll meiden.

In der Tat ist ein solcher Vogelfelsen nicht wahllos, sondern nach einer festen Ordnung aufgebaut. So benötigen Mantel- und Silbermöwen zum Brüten grasbedeckte Hochflächen, weswegen sie in der obersten Etage nisten. Papageitaucher graben dagegen lange Bruthöhlen in die Erde – das ideale Gelände finden sie ein Stockwerk unter den Möwen. Es folgen die Eissturmvögel, die Tordalken und Trotellummen – vor allem die beiden Letztgenannten können beim Landeanflug schlecht manövrieren und sind so auf breite Felsvorsprünge angewiesen. Ganz unten logieren die Dreizehenmöwe und die Gryllteisten, die es so nicht weit zu den Fischgründen im Meer haben.

Fischereimuseum in Ísafjörður

die harten Arbeits- und Lebensbedingungen der Fischer, aber auch die Geschichte der Stadt (Suðurtangi 1, Tel. 456 3297, Juni–Aug. tgl. 10–17 Uhr).

Tourist Information
Aðalsstræti 7][Tel. 450 8060
www.vestfirdir.is][www.isafjordur.is
Juni–Aug. Mo–Fr 8–19,
Sa/So 11–16 Uhr.

■ **Flughafen Ísafjörður**
Tel. 456 7195
Erreichbar ab Stadtmitte mit den Bussen der Valdeimar L. Gíslason.
Täglich Linienflüge nach Reykjavík und Akureyri.
■ Wer in das Trekkinggebiet Hornstrandir (> rechts) reisen möchte, muss sich in der Touristeninformation oder bei Sjóferðir, Tel. 456 3879, www.sjoferdir.is, nach den Schiffsverbindungen erkundigen.

Gistiheimili Áslaugar
Austurvegur 7][Tel. 899 0742
gistias@snerpa.is
Gästehaus mit Tradition: Seit 1889 nächtigen hier Besucher. Eine kleine Fotoausstellung zeigt das Leben zwischen 1900 und 1940. ●

Við Pollinn
im Hótel Ísafjörður][Silfurtorg 2
Tel. 456 1111
www.hotelisafjordur.is
Recht gute Fischküche und Lammgerichte. Tgl. mittags ab 11.30, abends ab 18.30 Uhr. ●●—●●●

Ausflug nach Bolungarvík 22

Den Alltag der Fischer an den Westfjorden bis zum Beginn des 20. Jhs. kann man im hübschen **Ósvör-Museum** in Bolungarvík kennenlernen: Es handelt sich um eine nachgebaute Fangstation mit Lagerhaus, Fischerhütten und Trockengestellen (im Sommer tgl. geöffnet, von 12 bis 18 Uhr sind auch Führungen möglich, Tel. 450 7000).

Hornstrandir 23

Ísafjörður ist Ausgangspunkt für Trekkingtouren in die ausgedehnte Wildnis von Hornstrandir, die unbewohnte subpolare Landschaft der nördlichen Westfjorde. Das 580 km² große Hornstrandir ist seit 1975 Naturschutzgebiet. Ein besonders attraktives Ziel ist **Hornbjarg** mit den beeindruckenden Vogelfelsen. Hornstrandir ist bei Wanderern ganzjährig beliebt, da auch gute Langlauf-strecken vorhanden sind.

Auch wer nicht wandern möch-te, muss auf das Erlebnis Horn-strandir nicht verzichten. Eine **Bootstour** inklusive eines sechs-stündigen Aufenthalts bei Horn-bjarg vermittelt einen guten Ein-druck von der Region (Fahrten über Sjóferðir › S. 78). Man kann die Vögel in den steilen, 400 bis 500 m hohen Klippen beobach-ten, und nicht selten trifft man hier auch auf Füchse.

Fjorde südöstlich von Ísafjörður

Sechs lange Fjorde werden von ei-ner kurvenreichen Straße er-schlossen, die an der ehemaligen Walfangstation **Súðavík** vorbei-führt und teils herrliche Ausblicke auf den großen **Ísafjarðardjúp** und auf die noch bewohnte Insel **Æðey** bietet: Æðey ist berühmt für seine Eiderenten-Kolonie, die hier vor Füchsen sicher ist.

Reykjanes 24

Das Ferienzentrum Reykjanes liegt auf der gleichnamigen Land-zunge. Dort kann man sich im 50 Meter langen, geothermisch be-heizten Schwimmbad erfrischen oder zu einer kleinen Wanderung starten.

Hotel

Reykjanes
Straße 634][**Tel. 456 4844**
www.rnes.is
Schlichtes Hotel, das auch Hostelunter-bringung in der Schule des Ortes an-bietet. Gutes Restaurant. ●●

Hólmavík 25

Seher oder Kräuterkundler und Menschen mit vermeintlich über-natürlichen Fähigkeiten waren im 17. Jh. vor der blutigen Hexenver-folgung, die im restlichen Island 21 Menschen das Leben kostete, in die einsamen Westfjorde ge-flüchtet. Kein Wunder, dass Hól-mavík (400 Einw.) Sitz des einzi-gen *Hexenmuseums Islands ist. Es versammelt Totenschädel und allerlei magische Utensilien und Mittelchen (*Galdrasðning á Strön-dum,* Höfðagata 8–10, Sommer tgl. 10–18 Uhr, Winter nach Ver-einbarung: Tel. 451 3525, www. galdrasyning.is).

Info

Tourist Information
Versammlungshaus
Tel. 451 3111][**www.holmavik.is/info**
Sommer tgl. 8–17 Uhr.

Hotel

Snartatunga
Straður][**nahe der Straße 61**
(ca. 40 km südlich von Hólmavík)
Tel. 451 3362
snartatunga@bigfoot.com
Bauernhof mit einfachen Gästezim-mern. Die freundlichen Wirtsleute servieren sehr gutes Frühstück und bieten auch schöne Reittouren in die Umgebung an. ●

Restaurant

Café Riis
Hafnarbraut 39][**Tel. 451 3567**
Snacks und leckerer Milchkaffee, Treffpunkt nahe dem Hexenmuseum in einem alten Holzhaus.
Tgl. ab 11.30 Uhr. ●–●●

Akureyri und der Norden

Nicht verpassen!

- ▪ Ein Essen im Restaurant Strikið in Akureyri mit wunderbarem Blick von der Terrasse
- ▪ Einen Spaziergang über die Pseudokrater am Mývatn in der Mitternachtssonne
- ▪ Ein Bad in der Grünen Lagune am Mývatn: noch mehr Lava und Landschaft als in der Blauen Lagune
- ▪ Nass spritzen lassen beim Blick auf den beeindruckenden Wasserfall Dettifoss
- ▪ Die Robben an der Küste von Vatnsnes – wer beobachtet hier eigentlich wen?
- ▪ Einen Bummel in Hólar auf den Spuren der Geschichte des Ortes

Zur Orientierung

Grüne Hügel und lang gezogene Fjorde, die schneebedeckte Berge umrahmen, aber auch fruchtbare Ebenen, darin eingestreut wie Farbkleckse Gehöfte oder Siedlungen – all das ist der Norden Islands. Dazu zählen auch die beeindruckende Lavawelt am Mývatn und Wasserfälle wie der Dettifoss. Die Hauptstadt des Nordens ist Akureyri, das sich selbstbewusst »Perle des Nordens« nennt. Interessant ist auch das historische Erbe, sei es in Siglufjörður, wo Islands Heringsboom seinen Anfang nahm, oder in Hólar, dem ehemaligen zweiten Bischofssitz. Der Nordwesten ist eine klassische Reitergegend; hier gibt es große Gehöfte, und im Herbst kann man den Pferdeabtrieb von den Weiden beobachten.

Touren in der Region

Rund um die Vatsnes-Halbinsel

⑩ **Hvammstangi ›
Hvítserkur › Borgarvirki ›
Þingeyrar › Blönduós**

Dauer: 1 Tag
Praktische Hinweise: Verpflegung bekommt man nur in den Orten. Für die Tour braucht man einen Pkw.

Das Torfhof-Museum Glaumbær

Diese Region wirkt auf den ersten Blick nicht »richtig« isländisch, hier ist es relativ grün mit Moorlandschaft und vor allem einer reizvollen Küste, von der aus man gut Vögel und Robben beobachten kann.

In **Hvammstangi ›** S. 100, dem Ausgangsort der Tour, kann man sich über die Bedeutung der Robben für die Wirtschaft in früheren Zeiten informieren, entlang der Westküste der Halbinsel Vatsnes gibt es einige gute Beobachtungsstellen.

Die Fahrt geht entlang der Straße 711 vorbei an markanten Basaltbergen. An der Ostseite fährt man an dem Rest eines Zentralvulkans vorbei: Die bizarre Basaltformation **Hvítserkur ›** S. 100 ist ein bei Vögeln äußerst beliebter Felsen.

Borgarvirki, ein natürlicher Basaltring mit 3 bis 5 m hohen Säulen, ist von der Straße aus gut zu erkennen. Von hier hat man einen guten Blick über das Haff Vesturhóp.

Nach rund 80 km auf der Halbinsel-Straße gelangt man wieder auf die Ringstraße.

Unübersehbar ragt in östlicher Richtung eine große Steinkirche auf, die man über die Nr. 721 erreicht. Die Kirche von Þingeyrar wurde im 19. Jh. gebaut, davor befand sich hier zunächst ein Thingplatz und im 12. Jh. ein Kloster. Sehr schön ist der Innenraum mit seinem Sternenhimmel (Juni–Aug. tgl. 10–17 Uhr).

Zurück auf der Ringstraße sind es dann noch rund 20 km bis **Blönduós** ❭ S. 100.

Vom Skagafjörður nach Akureyri

⓫ **Blönduós** ❭ **Glaumbær** ❭ **Sauðárkrókur** ❭ **Hólar** ❭ **Hofsós** ❭ **Siglufjörður** ❭ **Ólafsfjörður** ❭ **Dalvík** ❭ **Akureyri**

Dauer: mindestens 3 Tage
Praktische Hinweise: Am einfachsten lässt sich diese Tour mit dem Pkw gestalten. Bei guter Planung ist sie jedoch auch mit dem Bus machbar: Es gibt einige Verbindungen, z.B. zwischen Varmahlíð und Sauðárkrókur oder von dort nach Siglufjörður.

Der besondere Reiz an dieser Fahrt sind neben den großen Fjorden Skagarfjörður und Eyjafjörður und der Berglandschaft von Tröllaskagi, die zwischen den beiden Fjorden liegt, die zahlreichen historischen Stätten. Schon die erste Station etwa 55 km hinter **Blönduós** ❭ S. 100, der alte Hof **Glaumbær** ❭ S. 99 (heute ****Museum**), hat eine lange Tradition. Im Mittelalter stand hier schon ein Langhaus und die wohl bedeutendste Frau der damaligen Zeit, Guðríður Þorbjarnardóttir, lebte hier um das Jahr 1000. Eine kleine Skulptur erinnert an sie. Den Hof erreicht man nach 8 km über die Nr. 75.

Sauðárkrókur ❭ S. 97 lohnt wegen seiner zahlreichen alten Häuser aus dem 19. Jh. einen Stopp; damals lag hier ein wichtiger Hafen. Weiter geht es auf der Straße

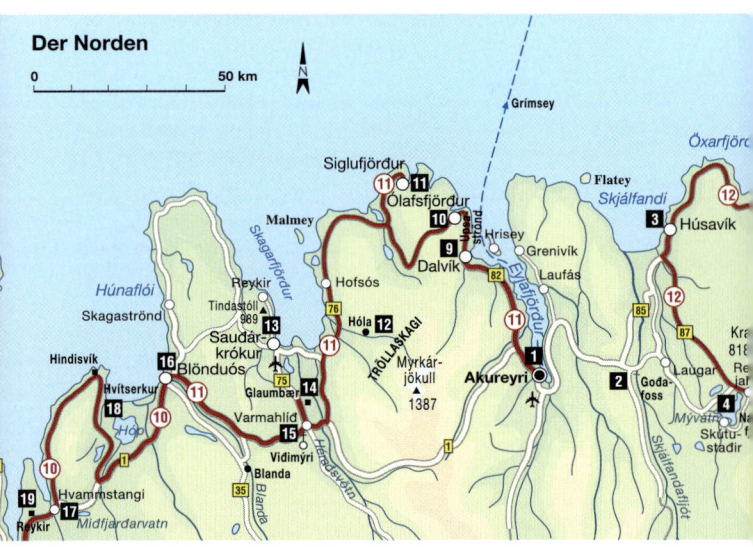

Nr. 75 in Richtung Osten, dann nach Norden auf der Nr. 76 bis zum Abzweig Nr. 767, der zum ehemaligen Bischofssitz **Hólar** › S. 97 führt. Hier kann man übernachten, die Kirche oder das Aquarium besichtigen und die Umgebung erkunden.

Zurück auf der Nr. 76 gelangt man nach rund 15 km nach **Hofsós,** wo sich ein interessantes Museum über die isländischen Auswanderer im 19. Jh. befindet. Immerhin 16 000 Isländer machten sich in die neue Welt auf – in der Hoffnung, dort ein besseres Leben zu finden, was aber nur wenigen gelang.

Ca. 60 km fährt man nun entlang der Küste, und je weiter man nach Norden gelangt, umso dramatischer wird die Landschaft und umso enger schmiegt sich die Straße an die steilen Bergwände,

bis sie schließlich durch einen Tunnel führt. Der Anblick des von den steil aufragenden Bergen umgebenen **Siglufjörður** › S. 96 ist beeindruckend, der Ort lohnt einen ausgiebigen Stopp.

Zunächst geht es wieder die Nr. 76 zurück bis zu dem Abzweig Nr. 82. Auch wenn demnächst eine kürzere Strecke zwischen Siglufjörður und Ólafsfjörður eröffnet werden soll, so ist diese 38 km lange Fahrt über den 400 m hohen Bergpass doch ausgesprochen reizvoll. **Ólafsfjörður** › S. 96 ist ein guter Übernachtungsstopp.

Auf der Straße 82 geht es am nächsten Tag die *Steilküste Upsaströnd entlang, vorbei an aufgegebenen und verlassenen Bauernhöfen. Unterwegs begeistern immer wieder die tollen Ausblicke auf den Eyjafjörður und die Insel Hrísey.

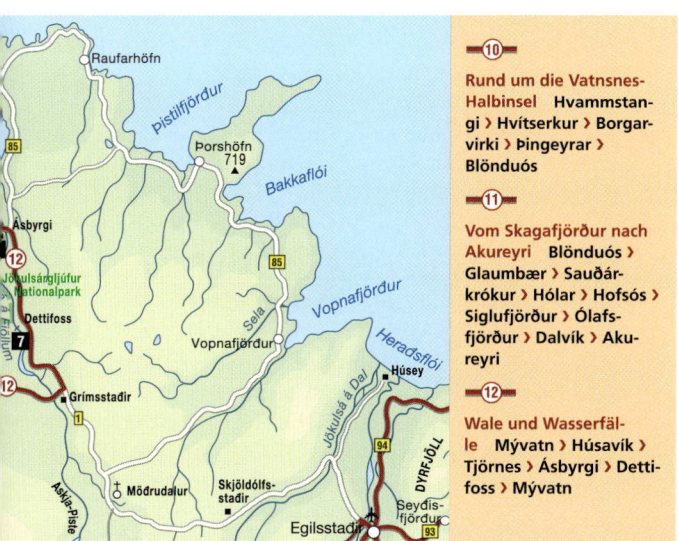

10

Rund um die Vatnsnes-Halbinsel Hvammstangi › Hvítserkur › Borgarvirki › Þingeyrar › Blönduós

11

Vom Skagafjörður nach Akureyri Blönduós › Glaumbær › Sauðárkrókur › Hólar › Hofsós › Siglufjörður › Ólafsfjörður › Dalvík › Akureyri

12

Wale und Wasserfälle Mývatn › Húsavík › Tjörnes › Ásbyrgi › Dettifoss › Mývatn

In **Dalvík** › S. 95 legt man einen weiteren Stopp ein, entweder für Besichtigungen oder um die guten Krabben zu essen.

Fast den gesamten Eyjafjörður fährt man ab, bis man schließlich, die letzten Kilometer wieder auf der Ringstraße, ***Akureyri** › S. 85, erreicht. Dieser sog. Perle des Nordens und ihrer Umgebung sollte man einige Tage widmen.

Wale und Wasserfälle

12 Mývatn › Húsavík › Tjörnes › Ásbyrgi › Dettifoss › Mývatn

Dauer: 1 Tag
Praktische Hinweise: Die F 862 führt an der Westseite des Dettifoss vorbei und dann nach Vesturdalur im Nationalpark, doch ist dafür ein Geländewagen notwendig. Diese Tour lässt sich auch per Bus machen (http://english.sba.is). Wer sehr früh losfährt, kann in Húsavík einen ca. dreistündigen Whalewatching-Ausflug in den Tag integrieren (mehrere Anbieter, die ersten Fahrten starten gegen 9 Uhr), ansonsten kann man in Húsavík auch übernachten – dann bleibt noch genug Zeit für den Besuch des Walmuseums – und diese Tour in zwei Tagen fahren.

Die Straße Nr. 87 vom *****Mývatn** › S. 90 zur Bucht Skjálfandi führt durch ein landwirtschaftlich genutztes Gebiet, begünstigt durch die dort vorkommenden warmen Quellen. **Húsavík** › S. 89,

Islands Walhauptstadt mit Museum und Beobachtungsfahrten, ist ein Pflicht-Stopp. Von Húsavík fährt man auf der Nr. 85 um die Halbinsel **Tjörnes,** in deren Sandsteinklippen Fossilien eingeschlossen sind.

Von **Ásbyrgi** › S. 94 erstreckt sich der **Nationalpark Jökulsárgljúfur** › S. 94 nach Süden bis zum Dettifoss. Um die hufeisenförmige ****Schlucht Ásbyrgi** › S. 94 ranken sich viele Geschichten, und heute bieten die bis zu 100 m aufragenden Steilwände einem kleinen Wald Schutz. (Von Ásbyrgi führt eine schöne, zweitägige Wanderung zum Dettifoss, vorbei am Canyon Jökulsárgljúfur.)

Auf der Straße Nr. 864 gelangt man zur Ostseite des 44 m hohen Wasserfalls ****Dettifoss** › S. 94. Der Blick von beiden Ufern ist gleichermaßen beeindruckend, an der Westseite (› Praktische Hinweise links) kommt man jedoch noch näher an die Wassermassen heran.

Weiter südlich stößt man wieder auf die Ringstraße, die einen wieder zurück an den Mývatn bringt.

Wichtige Adressen

■ Den Norden vertritt
Northiceland,
Hafnarstræti 82, 600 Akureyri,
Tel 462 3300, www.nordurland.is
■ Nordwestisland präsentiert sich – sogar deutschsprachig – auf der Website www.northwest.is

Unterwegs im Norden

*Akureyri ▪

Nur noch 95 km trennen die quil-
rige Kleinstadt vom Polarkreis.
Und dennoch scheint Akureyri
begünstigt, denn im Schutz der
umliegenden hohen Berge ist das
Wetter vor allem im Sommer oft
wärmer und auch freundlicher als
im ca. 390 km entfernten Reykjavík. Die guten Einkaufs- und Un-
terkunftsmöglichkeiten und vielen Sehenswürdigkeiten machen
die Stadt (17 200 Einw.) zu einem
wichtigen Touristenzentrum an
der Ringstraße, und die abwechs-
lungsreiche Landschaft ringsum
erhöht noch den Reiz. Oft ziert
Schnee die bis zu 1400 m hohen
Berge, und wenn die Sonne aus
einem vom Föhn blitzblank ge-
fegten Himmel die Sitzplätze der
Cafés in der Hafnarstræti be-
strahlt, könnte man sich schon
fast wie an einem oberitalieni-
schen See fühlen.

Schon im 9. Jh. erkannte Helgi
der Magere die günstigen klimati-
schen Bedingungen am Eyjafjörður, der hier gute 50 km ins Land
hineinreicht. Bald entwickelte
sich die kleine Siedlung Kristnes,
rund 10 km südlich der heutigen
Stadt. Der eigentliche Aufschwung
kam um 1786, als die Dänen hier
eine Handelsniederlassung grün-
deten. Ihr Erbe sind die vielen liebevoll gehegten Hausgärten. Der
Handelsort erhielt 1787 die Stadtrechte, ab Ende des 19. Jhs. siedelten sich Industrie und Gewerbe
an, und seit 1987 gibt es eine er-
folgreiche Universität mit rund
1450 Studenten.

Akureyri verdient mehr als einen kurzen Übernachtungsstopp

Akureyrarkirkja Ⓐ

Die Innenstadt wird überragt von der doppeltürmigen, 1939–1940 erbauten Stadtkirche auf einem Hügel, zu dem 112 Stufen hinaufführen. Die Fassade erinnert an die Hallgrímskirche ❯ S. 49, und in der Tat standen auch hier die Basaltsäulen der isländischen Steilküsten Pate – Architekt Gudjón Samúelsson wollte Heimatverbundenheit ausdrücken. Die Kirchenfenster zeigen Szenen aus der isländischen Kirchengeschichte. Bei Gottesdiensten erklingt die erste in Island gebaute Orgel mit 3200 Pfeifen (Besichtigung Juni bis Aug. tgl. 10–12, 14–17 Uhr).

Kaupvangsstræti Ⓑ

Die interessanteste Straße Akureyris bietet gute Adressen für Ausstellungen und Kulturevents, so das **Listagil Arts Centre** (Nr. 23, Tel. 466 2609, www.listagil.is) mit dem Karolína Café & Restaurant ❯ S. 88, oder das spannende **Kunstmuseum** (*Listasafnið*, Nr. 12, Di–So 12–17 Uhr, www.listasafn.akureyri.is).

An der Aðalstræti

Eindrucksvoll ist die Zahl der Pflanzenarten im *Botanischen Garten Ⓒ: Es sind mehr als 6000, v.a. arktische und alpine

Ⓐ Akureyrarkirkja
Ⓑ Kaupvangsstræti
Ⓒ Botanischer Garten
Ⓓ Laxdalshús
Ⓔ Friðbjarnarhús
Ⓕ Nonnahús
Ⓖ Heimat- und Volkskundemuseum

Spezies wie Sibirische Lärchen, Drehkiefern oder Arktische Weideröschen, aber auch Schwertlilien oder Rosen (Juni–Sept. Mo–Fr 8–22, Sa/So 9–22 Uhr).

Das älteste Haus der Stadt, erbaut 1795, ist das **Laxdalshús ⓓ**, Hafnarstræti 11. Das **Friðjarnarhús ⓔ** von 1856 war Gründungssitz des isländischen Guttemplerordens, der sich dem Kampf gegen Alkoholismus widmet (Juli–Aug. Sa/So 14–17 Uhr, Tel. 462 2035).

Das Museum ***Nonnahús ⓕ** gedenkt des Lebens und Schaffens des 1944 in Köln gestorbenen Kinderbuchautors Jón Sveinsson (»Nonni und Manni«), der 1865 bis 1870 in Akureyri lebte (Nr. 54, Juni–Aug. tgl. 10–17 Uhr, sonst nach Vereinb., Tel. 462 3555).

Über die Geschichte des Eyjafjörður und der Stadt vor allem im 19. und 20. Jh. informiert das **Heimat- und Volkskundemuseum ⓖ** *(Minjasafnið)* mit Schnitzereien, Trachten, Haushaltsgeräten und landwirtschaftlichen Werkzeugen (Nr. 58, Juni bis 15. Sept. tgl. 10–17 Uhr, sonst Sa 14–16 Uhr, www.akmus.is).

Info

Tourist Info
Hafnarstræti 82 (im Busbahnhof)
Tel. 550 0720][**Fax 550 0721**
www.visitakureyri.is
Juni–Aug. Mo–Fr 7.30–19, Sa/So 8–17 Uhr, sonst Mo–Fr 8–17 Uhr.

Verkehr

■ Der **Flughafen** liegt ca. 4 km südl. des Zentrums und ist mit dem Taxi erreichbar. In dem kleinen Gebäude befindet sich der Schalter des Autoverleihs Avis, gegenüber dem Gebäude jener von Hertz. Auskünfte über Flugpläne: Tel. 460 7000, 570 3000.

■ **Bus: SBA-Norðurleið**, Hjalteyrargata 10, Tel. 550 0700, Fax 550 0071, www.sba.is. Fernverbindungen von bzw. nach Reykjavík, Húsavík, Mývatn oder Egilsstaðir im Osten, Ólafsfjörður, quer durchs Hochland und zu weiteren Zielen (teils ganzjährig). Die An- und Abfahrtsstelle der Überlandbusse liegt in der Hafnarstræti 82, Busbahnhof (Öffnungszeiten › Tourist Info).

Unterkünfte

■ **KEA**
Hafnarstræti 87–89
Tel. 460 2000][**www.hotelkea.is**
Vier-Sterne-Hotel mit Zimmern für Behinderte und allem Komfort eines Business-Hotels, z.B. Internetanschluss und Satelliten-TV. Gute, erstaunlich große Weinauswahl im Restaurant. ●●●

■ **Hótel Íbúðir**
Geislagata 10][**Tel. 892 9838**
www.hotelibudir.is
Geschmackvoll eingerichtete Apartments für zwei bis sechs Personen in zentraler Lage. ●●

■ **Gistiheimili Akureyri**
Hafnarstræti 104
Tel. 462 5600][**www.hotelakureyri.is**
19 moderne Zimmer in der Fußgängerzone. Frühstücksbuffet. ●

■ **Brekkusel**
Byggðavegur 97
Tel. 895 1260][**www.brekkusel.is**
Gästehaus mit Kochmöglichkeit, auch Schlafsackplätze, ruhig, mit Garten. ●

■ **Þórunnarstræti Camping Grounf**
Tel. 462 3379

■ **Hamrar**
Tel. 461 2264][**www.hamrar.is**

Geöffnet 15. Mai–15. Sept. Beide Plätze werden gemeinsam verwaltet und haben sehr gepflegte Sanitäranlagen.

Restaurants

■ **Friðrik V Brasserie**
Kaupvangsstræti 6][**Tel. 461 5775**
Aus feinsten isländischen Zutaten wie frischem Lammfleisch oder Fisch werden internationale Gerichte gezaubert. Tgl. ab 18 Uhr. ●●●

■ **Karolína Café & Restaurant**
Kaupvangsstræti 23][**Tel. 461 2755**
Café Mo–Sa ab 11.30 Uhr, So ab 14 Uhr; Restaurant Di–Sa ab 18 Uhr. Das Restaurant versorgt kulturbeflissene Besucher des Listagil Arts Centre und der Deiglan-Konzerthalle mit gesunder Küche. Das Café ist Treffpunkt der städtischen Schickeria. ●●–●●●

■ **Strikið**
Skipagata 14][**Tel 462 7100**
www.strikid.is
Dezentes Feinschmecker-Restaurant mit wunderbarer Terrasse und mit einem fantastischen Blick auf den Fjord. Variationsreiche Küche. Tgl. ab 11.30 Uhr. ●●–●●●

■ **Bautinn**
Hafnarstræti 92][**Tel. 462 1818**
Echt gut! Sehr gute Fischgerichte sowie ein unglaublich vielfältiges Salatbuffet. Tgl. ab 18.30 Uhr, Sa/So Reservierung empfehlenswert. ●–●●

■ **Bláa kannan café**
Hafnarstræti 96][**Tel. 461 4600**
Täglich Frühstück, Mittagslunch oder Tagessuppe und jederzeit Kuchen oder Sandwiches. ●

Shopping

■ **Shoppingmall Glerártorg**
Gleráreyrum 1][**in der westlichen Verlängerung der Glerárgata**

Mo–Fr 9–18.30, Sa 9–17, So 10 bis 16 Uhr. Mit Boutiquen, Schuhgeschäften, Handy-Läden und dem beliebten Kaffitorg Shopping Mall Café (Mo–Fr 9–17, Sa bis 14 Uhr).

■ Haupteinkaufszeile in Akureyri ist der Innenstadtbereich um die **Hafnarstræti**. Hochwertige Outdoor-Bekleidung führt die Filiale von **66°North,** Glerárgata 32. Kunsthandwerkliches wie Keramikwaren oder Wollpullover gibt es bei **Hornið,** Kaupvangsstræti 1, gute Bücher und Karten findet man bei **Bókabúð Jónasar,** Hafnarstræti 108.

Nightlife

■ Akureyris Nachtleben lockt die Jugend aus der gesamten Region an. Vor allem samstagabends fährt man beim Autokorso um den Ráðhústorg schickes Blech und aktuelle Designermode spazieren. Manche Bars und Diskos haben am Wochenende bis 5 Uhr geöffnet. Beliebt sind u.a. das **Karolína Café** und das **Bláa kannan** (beide ❯ links).

■ Ins angesagte **Kaffi Akureyri,** **Strandgt. 7,** dürfen nur Leute, die älter als 20 Jahre und schick gekleidet sind.

Ausflüge

Nach Grímsey

Die Insel, gut 41 km nördlich von Akureyri, ist das einzige Eckchen Islands, das der Polarkreis durchschneidet. Diesen Breitengrad zeigt das Polarkreis-Denkmal direkt an der Startbahn des kleinen Inselflughafens. Zur Sommersonnenwende am 21./22. Juni steigt im Básar-Gästehaus (611 Grímsey, Tel. 467 3103, ●) eine Mitternachtssonnenparty, denn die Sonne steht auch um null Uhr noch über dem Horizont. Da nur wenige Besucher kommen, sind die Tausende Papageitaucher, Lummen, Tordalken und diversen Möwenarten an den über 100 m hohen Vogelfelsen im Norden der Insel noch recht zahm. In den Inselorten Básar und Sandvík leben 99 Menschen von der Fischerei.

■ **Fähre Sæfari**
Mo, Mi, Fr 7.50 Uhr (Rückfahrt jeweils 16 Uhr) Buchung über Nonni Travel, Tel. 461 1841, oder www.saefari.is.
■ Im Sommer tgl. Flüge ab Akureyri nach Grímsey, z.B. mit Air Iceland, Tel. 460 7000.

Zum *Goðafoss ❷

Von Akureyri kommend erreicht man nach rund 50 km nahe der Ringstraße den Wasserfall. Zwar sind die Kaskaden des »Götter-Wasserfalls« nur etwa 10 m hoch, jedoch gute 100 m breit. Hier soll der Gode und Gesetzessprecher Þorgeir nach Einführung des Christentums als Staatsreligion seine Götterbilder versenkt haben. Pfade führen dicht an den Wasserfall, doch können sie rutschig sein.

Húsavík ❸

Man nennt sie die »Walhauptstadt der Insel«, weil man in der malerischen Bucht Skjálfandi Buckel-, Finn- oder Seiwalen besonders nahe kommen kann: Existenzgrundlage der 2300 Einwohner sind die unzähligen Touristen, die vor allem im Sommer auf Walbeobachtungstour gehen (❯ S. 22).

Das Walmuseum **Hvalamiðstöðin** am Hafen präsentiert auf 1200 m^2 Interessantes über die Riesen der Meere. An der Decke hängt das Skelett des 17 m langen Pottwals »Kjálkaryr«, der 1997 an Islands Südküste strandete (tgl.,

Der gewaltige Goðafoss bietet ein beeindruckendes Naturschauspiel

Sept./Mai 10–17, Juni–Aug. 9 bis 19 Uhr, www.icewhale.is).

Das wohl einzige **Phallusmuseum** (*Hið íslenzka reðasafn*) der Welt zeigt über 170 konservierte Phallen (oder Teile davon) von Land- und Meeressäugern – von Maus bis Wal (Héðinsbraut 3 a, 20. Mai–10. Sept. tgl. 12–18 Uhr, www.phallus.is).

Sehenswert ist Húsavíks hübsche **Jugendstilkirche** samt ihrem großen Altarbild, die 1907 aus norwegischem Holz gebaut wurde (Sommer tgl. 9–11, 15–17 Uhr).

Info

Tourist-Information Húsavíkurstofa
Garðarsbraut][Tel. 464 4300
www.markthing.is
Juni–Aug. Mo–Fr 9–18,
Sa/So 10–17 Uhr.

Hotels

■ **Fosshótel Húsavík**
Ketilsbraut 22][Tel. 464 1220
www.fosshotel.is
Zweckmäßig eingerichtete, schlicht wirkende, jedoch geräumige Zimmer, nicht weit vom Walmuseum. ●●●
■ **Gistiheimili Árból**
Ásgarðsvegi 2][Tel. 464 2220
http://arbol.1.is
Familiäres, rustikales Gästehaus von 1903. Auch Schlafsackplätze. ●●

Restaurant

Gamli Baukur
Hafnarsvæðinu][Tel. 464 2442
Gemütliches Restaurant in zwei Holzhäusern am Hafen, von Juni bis Ende Aug. gibt es ein sehr gutes Fischbuffet, sonst exzellente Meeresfrüchte-Platten oder Snacks. Tgl. ab 11.30 Uhr. ●●

7 ***Mývatn 4

Der 37 km² große »Mückensee« gehört zu den schönsten und meistbesuchten Regionen Islands. Seinen Namen verdankt er Millionen harmloser Zuckmücken, die im Frühjahr und Spätsommer schlüpfen. Es kommt aber auch eine stechende Kriebelmückenart vor. Kragen-, Spatel-, Schnatter- und Trauerenten sowie 13 weitere Entengattungen gehören ebenso zur Vogelwelt des Sees wie viele andere seltene Arten. **Vom Wanderweg am Südufer kann man die Vögel am besten beobachten.** Startpunkt ist knapp 2 km nach der Brücke über den Fluss Laxá, ebenfalls ein guter Birdwatching-Platz. Rund um den See existiert eine vielfältige Flora: Birken, Weiden, Engelwurz, Hahnenfuß und viele andere Arten gedeihen hier.

Am Ostufer des Sees sollte man die Lavagebilde von **Dimmuborgir** (ca. 3,5 km hinter dem Parkplatz Höfði rechts abbiegen) besuchen. Sie entstanden vor etwa 2500 Jahren und sind Überbleibsel eines Lavasees, der sich hier zunächst staute, dann schlagartig abfloss und erkaltende Säulen zurückließ. Der viertgrößte See Islands überrascht auch mit einem geologischen Phänomen: den Pseudokratern nahe **Skútustaðir.** Aus der Luft wirken nicht nur der See, sondern vor allem die bizarren Pseudokrater erst so richtig beeindruckend: Ein großartiges Erlebnis ist ein **Rundflug,** der ab Reykjahlíð startet (Mýflug, Tel. 464 4400, www.myflug.is).

Der Mývatn, Islands viertgrößter See, von Höfði am Westufer aus

Wie durch ein Wunder verschonte 1792 die Lava des Eldhraun das Kirchlein des Weilers **Reykjahlíð,** in das sich die Bauern der nahen Gehöfte geflüchtet hatten. Alle anderen Gebäude und sogar der Friedhof wurden zerstört. Noch heute wirkt das erkaltete Lavafeld um das neue Gotteshaus bedrohlich. Der Ort ist ein populärer Übernachtungsstopp.

Verlockend ist ein heißes Bad in der Lagune des Dampfkraftwerks Bjarnarflag: Aus dem Naturdampfbad wurden die modernen **Mývatn Nature Baths** an der Ringstraße ❭ Special S. 93.

Vom Mývatn aus organisiert Mývatn Tours, Tel. 464 1920, www.askjatours.is, Tagestouren zum Askja-Krater.

Info

Tourist Info
Hraunvegur 8][Reykjahlíð
Tel. 464 4390][www.myv.is
Sommer tgl. 9–19 Uhr.

Unterkunft

■ **Hótel Reynihlíð**
Reykjahlíð][Tel. 464 4170
www.reynihlid.is
Große, geschmackvoll eingerichtete Zimmer, im Restaurant exzellente Touristenmenüs. ●●●

■ **Gistiheimili Elða**
Reykjahlíð][Tel. 464 4220
www.elda.is
Am Ufer des Mývatn mit geräumigen Doppel- bzw. Familienzimmern. ●●

■ **Skútustaðir**
Tel. 464 4212][www.skutustadir.com
Bauernhof bei den Pseudokratern am Südwestufer, nur im Sommer. ●●

■ **Zeltplatz Vogar**
Tel. 464 4399][daddi@mmedia.is
Schöner Platz direkt an der Lava, ca. 2,5 km südlich. Angenehm ruhig.

Restaurant

Gamli Bærinn
Reykjahlíð][Tel. 464 4170
Im Sommer tgl. ab 10 Uhr. Etwas touristisch angehauchter Landgasthof, sehr gute Kuchen, abends Livemusik. ●

Special

Badespaß in Hot Pots und Lagunen

Dank der geothermischen Quellen und des reichlich vorhandenen Wassers findet man in Island viele Möglichkeiten, entspannende Bäder unter freiem Himmel zu nehmen. Schon in Reykjavík, das sich Spa-City nennt, kommen Sportler und Wellness-Suchende gleichermaßen auf ihre Kosten. Besonders reizvoll sind die etwas versteckteren kleinen warmen Quellen und die reizenden Schwimmbäder auf dem Land.

Schwimmbäder

In Island gibt es jede Menge Schwimmbäder, in allen ist das Wasser wohltemperiert. Je größer der Ort, desto größer das Bad und die entsprechenden Anlagen, zu denen auch Saunen und Kinderbecken gehören. Doch auf die Größe kommt es gar nicht unbedingt an: In Reykjavíks Nachbarstadt **Seltjarnarnes** gibt es ein kleines, aber feines Bad mit hautfreundlichem Salzwasser, das auch die Hauptstädter sehr zu schätzen wissen.

Eine Attraktion ist Islands einziger Badestrand in **Nauthólsvík** südlich des Inlandsflughafens in Reykjavík. Geothermisch aufgeheiztes, 20 °C warmes Wasser und künstlich aufgeschütteter goldgelber Sand machen den Reiz des Thermalstrands mit Duschen, Umkleiden und Restaurant aus.

■ **Seltjarnarneslaug**
Suðurströnd][**Tel. 561 1700**
Mo–Fr 6.30–022, Sa/So 8–20 Uhr.

■ **Strand von Nauthólsvík**
Nauthólsvegur (südlich von Perlan), erreichbar über die Straße Hlíðarfótur)
Mitte Mai–Ende Aug. tgl. 10–20 Uhr, im Winter stark eingeschränkte Öffnungszeiten (Tel. 511 6630).

Lagunen

Spätestens kurz vor dem Heimflug wird ein Besuch in Islands
berühmtestem Badeparadies bei
Grindavík auf dem Programm
stehen. Erst nutzt ein Geothermalkraftwerk die örtlichen Thermalquellen zur Energieerzeugung,
dann speist es das heiße Wasser in
die **Blaue Lagune** › S. 62 (Bláa
Lónið). Zu jeder Jahreszeit kann
man im großen Außenbereich im
gut 40 °C warmen Nass baden. Algen und Kieselschlamm verleihen
dem Wasser zudem Heilkraft. Für
perfektes Wohlgefühl sorgen das
attraktive Ambiente, gratis erhält-
liche Schönheitscremes, Dampfbad und Sauna im Innenbereich
sowie ein großes Restaurant.

Was die Blaue Lagune im Süden ist, das ist die grüne im Norden bei Mývatn. **Mývatn Nature
Baths** › S. 91 bietet mineralhalti-
ges, wohltemperiertes Wasser,
dem auch pflegende Wirkung zu-
geschrieben wird. Sehr reizvoll ist
auch die umgebende Landschaft.

■ **Blaue Lagune**

Tel. 420 8800][**www.bluelagoon.is**
Juni–Aug. tgl. 8–21, sonst 10–20 Uhr;
mit dem Flybus (www.re.is/DayTours/
BlueLagoon) kann man gleich nach der
Ankunft oder vor dem Heimflug an der
Blauen Lagune stoppen, mit Abholung
im Hotel in Reykjavík, Aufenthalt an
der Lagune, Weiterfahrt
zum Flughafen Keflavík.

■ **Mývatn Nature Baths**
östlich von Reykjahlíð
Tel. 464 4411
www.jardbodin.is
im Sommer 9–24,
sonst 12–22 Uhr.

Heiße Quellen

Besonders reizvoll ist ein Bad in
einer natürlichen Quelle, wie in
Landmannalaugar › S. 136 oder
Hveravellir › S. 132. Doch Vorsicht! Es gibt auch sehr heiße
Quellen, deren Wasser Verbren-
nungen verursachen kann!

Hot Pots

Es gibt sie in jedem Schwimmbad,
doch einen besonderen Reiz haben Hot Pots – manchmal auch
als Jacuzzi – in Hotels oder Hütten. In einigen sitzt man draußen
auf der Terrasse und genießt den
Blick wie im **Brimnes** › S. 96 in
Ólafsfjörður oder man leistet sich
den Luxus und mietet die Suite im
Landhotel Rangá in Hella (www.
hotelranga.is, ●●●) mit Hot Pot
im Zimmer und Blick auf die Hekla während des Plantschens.

Baderegeln

Vor dem Besuch im Schwimmbad duscht man
ohne Badebekleidung, doch wenn Sie eine Sauna oder ein Dampfbad im Schwimmbad besuchen, müssen Sie die Badesachen anbehalten.

In den Felsen des Canyons Ásbyrgi brüten viele Eissturmvögel

Ausflug Náma-fjall ⑤ und Vulkan Krafla ⑥

Zu Füßen des Bergs **Námafjall** liegt ein großes Solfatarengebiet, das Besucher mit Dampfschwaden und infernalischem Gestank begrüßt. Allenthalben blubbert in diesem bekannten Hochtemperaturgebiet heißer Schlamm aus Erdlöchern und bildet vielfarbige Mineralienablagerungen.

⚠ Aber Achtung: Wie in allen Vulkan- und Hochtemperaturgebieten ist bei der Annäherung an die Schlammlöcher Vorsicht angesagt.

Weiter in Richtung Norden liegt das Dampfkraftwerk Krafla, das an der Flanke des seit 1975 aktiven Vulkans **Krafla** (818 m) gebaut wurde. Unweit des kleinen Parkplatzes schimmert die schöne Stóra-Víti (»Große Hölle«), ein hellblauer Kratersee.

**Dettifoss ⑦ und Ásbyrgi ⑧

Der **Dettifoss** ist eines der beeindruckendsten und bekanntesten Naturwunder Islands. Den wasserreichsten Wasserfall Europas speist der Gletscherfluss Jökulsá á Fjöllum. Seine graubraunen Wassermassen – bis zu 200 000 l pro Sekunde – stürzen 44 m tief eine insgesamt 100 m breite Felswand hinab.

Im Westen und Norden schließt sich der **Jökulsárgljúfur-Nationalpark** an, den der Jökulsá á Fjöllum Richtung Atlantik durchfließt, vorbei an merkwürdigen Lavagebilden. Trekkingfreunde steuern die beiden Zeltplätze in **Ásbyrgi** an, die wunderschön am gleichnamigen, so schroffen wie zauberhaften **Canyon Ásbyrgi** liegen. Eindrucksvoll fassen bis zu 100 m hohe Felswände das grüne Tal ein.

Information Center
Ásbyrgi][Tel. 465 2195][www.ust.is
22. Juni–12. Aug. tgl. 9–22 Uhr,
Ende Mai bis Sept. mind. 11–17Uhr.

Camping

Camping Jökulsárgljúfur Ásbyrgi
Tel. 465 2195, wie Information Center
Komfortabler Platz mit Einkaufsmög-
lichkeiten und Anbindung an Überlandbusse, Reservierung zu empfehlen.

Dalvík 9

Die Fischereiwirtschaft prägt die
Stadt (2000 Einw.), in deren hübschen Hafen die Trawler ankern.
Für das moderne Ortsbild gibt es
einen einfachen Grund: 1934 zer-
störten ein schweres Erdbeben
mit nachfolgender Flutwelle fast
die gesamte Stadt. Erdstöße sind
der Region weiterhin gefährlich.

Sehenswert ist das **Heimatmuseum,** denn es zeigt einige Super-
lative: Hier findet sich die größte
Kollektion an Pflanzen- und Blu-
menarten in ganz Island, daneben
der größte je gefangene Seehund
und eine Gedenkstätte für den
mit 2,34 m einst größten Mann
der Welt, Jóhann Kristinn Peturs-
son (1913–1984), an den u.a. ein
ausgestellter Riesensessel erinnert. (*Byggðasafn Dalvíkur,* Hvoll,
Tel. 466 1497, Juni–Aug. tgl. 11
bis 18 Uhr, sonst Sa 14–17 Uhr.)

Info

Tourist Information
Schwimmbad][**Tel. 466 3233**
www.dalvik.is
Mo–Fr 7–20, Sa/So 10–19 Uhr.

Dalvíks moderne Kirche errichtete
der Architekt Halldór Halldórsson
nach der Naturkatastrophe

Hotel

Gistiheimili Dalvík
Stórhólsvegi 6][**Tel. 466 3088**
arnijul@simnet.is
Modernes Gästehaus, 5 Zimmer mit TV
und Telefon. ●●

Restaurant

Kaffihúsið Sogn
Goðabraut 3][**Tel. 466 3330**
Gemütliches, großes Café mit Kuchen
und Snacks im Angebot. Abends auch
Fisch- und Lammgerichte. Sa und So
erst ab 15 Uhr. ●—●●

Shopping

Gallery Idja
Skiðabraut 4][**Tel. 466 1605**
Führt u.a. lokales Kunsthandwerk:
Keramik, Glasarbeiten und Fenster-
schmuck.

Ólafsfjörður 🔟

Den reizvollen Wintersportort (920 Einw.) erreicht man über die schöne Straße Nr. 82. Wenn der Nordwind reichlich Schnee gebracht hat, tummeln sich die Skifahrer am Ólafjaðafjall, wo sogar eine Skisprungschanze steht. Existenzgrundlage des Städtchens ist aber vor allem der Fischfang.

Zu einem Anglerparadies hat sich die Lagune Ólafsfjarðarvatn entwickelt, wo sich kaltes Süß- und vergleichsweise warmes Salzwasser mischen, weshalb man dort die nach Meinung der Einheimischen besten Lachse und Forellen Islands, aber auch Meeresfische an die Angel bekommt.

Ornithologen wird das **Naturkundemuseum** mit der größten Sammlung präparierter Vögel und Vogeleier in ganz Island begeistern. Ein naturgetreu nachgebildeter Vogelfelsen bereichert die Schau (Aðalgata 14, Tel. 466 2651, Juni–Aug. Di–So 14–17 Uhr).

Hotel

Hótel Brimnes
Bylgjubyggð 2][**Tel. 466 2400**
www.brimnes.is
Gutes Mittelklassehotel mit erstklassigem Restaurant, Cafeteria und Bar. Das Hotel vermietet auch acht finnische Blockhütten für 2 bis 8 Personen direkt an der Lagune. ●●–●●●

Siglufjörður 🕚

Isländer verbinden Islands nördlichste Stadt (1350 Einw.) sofort mit dem Heringsboom vom Anfang des 20. Jhs. Doch die besten Zeiten, als Hering ein Exportschlager war, sind vorbei. Seit 1970 schrumpfte Siglufjörðurs Einwohnerzahl um fast 50%.

Die kleine, 1932 geweihte **Kirche** lohnt den Besuch wegen des großen Altarbilds von Gunnlaugur Blöndal (1893–1962) und des kunstvoll-schlichten Taufsteins, den der Bildhauer Ríkarður Jónsson aus Akureyri gestaltet hat (tgl. geöffnet). Vor dem Gotteshaus erinnert die Skulptur **Sílvereiði** (Heringsfang) von Ragnar Kjartansson an die goldene Ära.

Spannendes gibt es im ****Heringsmuseum** (*Síldarminjasafnið*) zu sehen: Im Sommer jeweils Sa 15 Uhr wird die Technik des Heringsalzens von Arbeiterinnen gezeigt. Natürlich darf man den

Die schönsten Zeltplätze

Echt gut!

■ Vom Zeltplatz am Motel Venus bei **Borgarnes** hat man den wohl besten Blick auf die Stadt. Nett gelegen mit Büschen und Strand. ❯ S. 70
■ **Vogar** am Mývatn liegt ruhig und etwas abseits vom Trubel direkt an der Lava. ❯ S. 91
■ **Hólar** bietet einen lauschigen Platz in einem kleinen Wald. ❯ S. 97
■ Auf dem schön gelegenen Platz von **Atlavik** am Lögurinn kann man träumen unter Bäumen. ❯ S. 105
■ In **Skógar** wiegt das friedliche Rauschen des nahen Wasserfalls Camper in den Schlaf. ❯ S. 116
■ Auf **Heimaey** zeltet man direkt an den steilen Klippen, wo zahlreiche Vögel nisten. ❯ S. 124

Fisch auch probieren. Sonst gibt es Utensilien aus der Zeit des Heringsbooms von 1908 bis ca. 1969 – Fässer, Netze, alte Fotografien und Urkunden – und Filme zu sehen, die über den Heringsboom informieren (Snorragata 15, Tel. 467 1604, Mitte Juni–Mitte Aug. tgl. 10–18, sonst tgl. 13–17 Uhr).

Alljährlich am ersten Augustwochenende ist die ganze Stadt auf den Beinen: Theatergruppen, Komödianten oder Musiker erinnern beim **Heringsfestival** an die Zeit des Heringsrauschs.

Info

Tourist Info
Snorragata 15][**Tel. 467 1604**
www.siglo.is
Im Sommer tgl. 10–18 Uhr.

Hotel

Gistihusið Hvanneyri
Aðalgata 10][**Tel. 467 1506**
www.hvanneyri.com
Gästehaus (22 Zimmer) mit Familienanschluss. Auf den üppigen Frühstückstisch kommt auch süßer Hering. ●

Restaurant

Bióbarinn
Aðalgata 30][**Tel. 467 1111**
Für die Kuchen wie für die Grillspezialitäten aus Fleisch werden nur Bio-Rohwaren verwendet. Im gleichen Haus hat die Kette Pizza 67 eine Filiale. ●

Hólar ⑫

1106 entstand hier der zweite Bischofssitz des Landes, der zugleich politisches und kulturelles Zentrum des Nordens war. 1530 brachte Jón Arason eine Druckpresse hierhin, doch es war sein reformierter Nachfolger, Guðbrandur Þorláksson, der sowohl das Evangelium drucken ließ als auch die ersten Karten des Landes.

**Hóladómkirkja ist ein auffälliger Bau aus rotem Sandstein, 1763 geweiht und damit Islands älteste Steinkirche. Sehenswert ist vor allem das Triptychon aus dem Spätmittelalter (Sommer tgl. 9 bis 17 Uhr).

Heute gibt es in Hólar eine Hochschule für Reiterei, Pferdehaltung und -zucht. Während des Sommers bietet die landschaftlich schön gelegene Einrichtung gute Freizeitangebote für Familien.

Unterkunft

Hólaskóli
Tel. 455 6333][**www.holar.is**
Einfache Zimmer in der Schule, Ferienwohnungen und hübsche Hütten werden geboten. ●━●●

Camping

Tel. 455 6333 (wie Hólaskóli, › oben)
Sehr hübscher Platz für etwa 200 Personen in einem kleinen Wald.

Sauðárkrókur ⑬

Der Ort (2600 Einw.) ist ein wichtiges Verwaltungszentrum im isländischen Nordwesten und eines der Stockfisch-Produktionszentren der Insel. Am Hafen sieht man Fisch an großen Holzstangen trocknen (dort auch Verkauf).

Kleine Ausstellungen zu alten Handwerksberufen und zur Archäologie der Region Skagafjörður

Islandpferde werden seit fast 1000
Jahren auf der Insel gezüchtet

zeigt das hübsche historische
Minjahúsið (Alðagata 16b, Juni
bis Aug. 13–18 Uhr).

Die lebensgroße Skulptur eines
Islandpferds in der Skagfirðingar-
braut, geschaffen von Ragnar
Kjartansson, verdeutlicht, dass die
Pferdezucht im Skagafjord-Bezirk
einen großen Stellenwert hat. Bis
vor wenigen Jahren wurden Is-

landpferde vor allem im Nordwesten der Insel noch als Arbeits-
tiere eingesetzt. Die besten Reiter
der Insel sind hier zu Hause.

Eine Wanderung auf den 900 m
hohen **Aussichtsberg Tindastóll**
nordwestlich von Sauðárkrókur
(ab Reykir, am Ende der Straße
748) belohnt ein einzigartiger
Blick auf die Stadt, den Skagafjord
sowie die Berge und Ebenen der
Skagi-Halbinsel. Auf dem Tindastóll soll es einen mit Wasser und
unzähligen Edelsteinen gefüllten
Brunnen geben; jedes Jahr zur
Mittsommernacht steigt, so heißt
es, der wertvollste, der Wünsche
erfüllen kann, an die Oberfläche.

Info

■ **Tourist Information**
im Minjahúsið][Tel. 453 6870
Sommer tgl. 13–18 Uhr.
■ Infos auch im Fosshótel Áning,
Juni–Aug. tgl. 7–23 Uhr.

Verkehr

Flughafen
2 km östlich der Stadt
Mehrmals wöchentlich Flüge von/nach
Reykjavík mit Eagle Air, Tel. 562 2640.

Hotels

■ **Fosshótel Áning**
Sæmundarhlíð][**Tel. 453 6717**
Fax 562 4001][**www.fosshotel.is**
Sommerhotel in schöner Lage mit Res-
taurant und Sportangeboten. ●●
■ **Mikligarður**
Kirkjurtorg 3
Tel. 453 6880][**Fax 453 6441**
www.skagafjordur.com/mikligardur
Kleines, gemütliches Gästehaus, auch
mit Schlafsackunterkünften. ●–●●

Hoch zu Ross

Pferdefans sehr zu empfehlen sind
die Reittouren-Angebote von Ge-
höften wie **Lýtingsstaðir Horse
Farm,** Varmahlíð, Tel. 453 8064,
www.lythorse.com (mit Pferdever-
kauf), oder auch **Hestasport Activity Tours,** Tel. 453 8383, www.
riding.is. Oft sind es Mehrtagestouren, z.B. Ausflüge zum Mývatn,
die vor allem erfahrene Reiter an-
sprechen. Manchmal kann man am
Pferde- und Schafabtrieb teilnehmen. Auch Hotels und Gästehäuser
bieten in Kooperation mit kleineren Höfen Ausflüge im Sattel an.

Das Torfhof-Museum Glaumbær, ein Torfhof aus dem 18. und 19. Jh.

Torfhof-Muse-um Glaumbær 14

Vor 1900 lebten die meisten Isländer in Häusern, deren Wände aus gut isolierendem Torf gebaut und deren Dächer mit Grassoden bedeckt waren. In diese Ära führt das hervorragende *Byggðasafn* Glaumbær. Der Hof, gestützt durch ein Holzgerüst, ist eingeteilt in 16 Räume, darunter Vorrats-, Schlaf-, Gästezimmer und Küche. Auf die Vorhänge der benachbarten Kirche sind Szenen aus alten isländischen Manuskripten gemalt, die von der Annahme des christlichen Glaubens berichten. (Juni–20. Sept. tgl. 9–18 Uhr, sonst auf Anfrage, Tel. 453 6173.)

Restaurant

Áskaffi
auf dem Museumsgelände
Hausgemachte Kuchen und sehr guter Kaffee in einem Haus von 1849. ●

Varmahlíð 15

Der kleine Ort führt die »warmen Quellen« schon im Namen; sie werden zum Heizen, für die Warmwasserversorgung und im Schwimmbad (Mo–Fr 11–21.30, Sa/So 11–18.30 Uhr) genutzt.

Sehenswert ist die **Víðimýrarkirkja** bei Víðimýri (ca. 1,5 km westlich), die 1834 aus sibirischem Treibholz errichtet wurde (Sommer tgl. 9–18 Uhr, Winter n. Vereinb., Tel. 453 8167). Die Grassodenkirche gilt als eines der schönsten Beispiele isländischer Baukunst – die Wände sind aus Torf, um den ein Holzgerüst herumgearbeitet wurde. Das Altarbild (1616) zeigt eine Abendmahlszene, die Kirchenbänke zieren kunstvolle Schnitzereien.

Info

Tourist Info
Tel. 455 6161][www.northwest.is
Sommer tgl. 9–21 Uhr.

Hotel

Hótel Varmahlíð
Laugavegur][Tel. 453 8170
www.hotelvarmahlid.is
Ansprechendes Hotel mit geräumigen
Zimmern und gutem Restaurant. ●●●

Blönduós 16

Der Verkehrsknotenpunkt an der
Mündung der Blandá erhielt erst
1988 die Stadtrechte. Das **Kunst-
handwerks- und Trachtenmuse-
um** (Heimilisiðnaðarsafnið) zeigt
u.a. Wandteppiche und bestickte
Tischdecken (Árbraut 31, Sommer tgl. 10–17 Uhr). In einem der
ältesten Häuser Islands (1733) befindet sich das ***Packeismuseum,**
das über das Entstehen des Meer-
eises, sein Kommen und Gehen
informiert. Packeis in der Bucht
Húnaflói trat regelmäßig auf, oft
trieb dabei auch mal ein Eisbär
an. (Sommer tgl. 11–17 Uhr)

Info

Tourist Info
am Campingplatz an der Ringstraße
Tel. 452 4520
Sommer tgl. 9–21 Uhr.

Hotels

■ **Hótel Blönduós**
Aðalgata 6][Tel. 452 4205
www.gladheimar.is
Gemütliches Haus mit gutem Restaurant im Zentrum. Ganzjährig. Angeschlossen ist auch ein Gästehaus. ●●●
■ **Hótel Húnavellir**
am See Svínavatn, ca. 15 km südl.
Tel. 453 5600
www.hotelhunavellir.is
Sommerhotel in einsamer Lage. ●—● ●

Vatnsnes-Halbinsel

Größter Ort und Dienstleistungszentrum der Region ist **Hvammstangi 17**. Hier befindet sich ein
sehr empfehlenswertes ****Rob-
benzentrum** (Selasetur, tgl. 9 bis
18 Uhr), das viel Interessantes
über die Tiere und ihre wirtschaftliche Bedeutung für die Region vermittelt. Entlang der Westküste der Vatnsnes-Halbinsel gibt
es immer wieder Plätze, wo man
Robben beobachten kann.

Am 15 m hohen **Hvítserkur-
Vogelfelsen** sind vor allem Drei-
zehenmöwen und Kormorane zu
beobachten. Der Felsen liegt nahe
Ósar 18, wo sich Seehunde tummeln. Zu beiden Zielen muss man
beim Miðfjarðarvatn in die Straße
711 einbiegen.

Unterkunft

Gästehaus Hanna Sigga
Garðarvegur 26][Tel. 451 2407
www.simnet.is/gistihs
Vier gemütliche Zimmer, schöner
Garten mit Hot Pot, Bio-Frühstück mit
selbst gebackenem Brot. ●

Reykir 19

Im **Regionalmuseum** des Ortes
ist u.a. ein altes Haifischfangboot
ausgestellt: Noch bis ins 20. Jh.
ging man in der Húnaflói-Bucht
auf Haifischjagd (Tel. 451 0040,
Juni–Aug. tgl. 10–18 Uhr).

Nicht weit von Bakkagerði soll
die Elfenkönigin wohnen ...

Die Fjorde im Osten

Nicht verpassen!

- Einen Spaziergang im Wald, denn einen richtigen gibt es in Hallormsstaðarskógur
- Leckeren Kuchen essen in dem gemütlichen Café in Gunnar Gunnarssons ehemaligem Wohnhaus in Skriðuklaustur
- In Bakkagerði die Elfen besuchen
- Einen Abendspaziergang in Djúpivogur mit Blick auf die kleinen Boote und das Meer
- Rentiere beobachten: Sie sind manchmal direkt von der Ringstraße aus zu sehen

Zur Orientierung

Ostisland umfasst die fjordreiche Küste zwischen Bakkagerði und Höfn. Der Hauptort des Ostens ist Egilsstaðir am See Lögurinn, bekannt für seinen Wald. Die sich weiter südlich erstreckende Fjordlandschaft ähnelt der der Westfjorde. Erdgeschichtlich gehören beide Gebiete zu den ältesten der Islands. In den Fjorden, umgeben von Gebirgen, liegen Fischerorte, besonders gut versteckt ist Bakkagerði, der größte Ort des »verborgenen Volkes« (vulgo: Elfen). Reyðarfjörður hat sich mit dem Bau der dortigen Aluminiumschmelze sprunghaft entwickelt.

Islands größter Gletscher Vatnajökull prägt den Südosten. So hat sich auch Höfn zum Gletscherort im Angesicht des Eismassivs entwickelt.

man ihn nicht wahr. Besonders schön ist das waldreiche Ostufer mit dem größten Waldgebiet des Landes, **Hallormsstaðarskógur** ❯ S. 105. Ausgewiesene Pfade bieten sich für Spaziergänge an.

Am Westufer lohnt ein Stopp bei der Information von **Végarður** ❯ S. 105, um fast alles über das neue Kraftwerk und die Staudämme zu erfahren. Unweit davon geht die Straße 910 ins Hochland ab, die zu den Staudämmen führt.

Skriðuklaustur ❯ S. 105, das ehemalige Wohnhaus des Dichters Gunnar Gunnarsson, ist heute ein Kulturzentrum, oft gibt es Ausstellungen, sonst macht auch der Gang durch die Wohnräume Spaß. Nicht weit entfernt liegt der schöne Wasserfall **Hengifoss,** dann geht es wieder auf die Ringstraße und nach Egilsstaðir.

Touren im Osten

Rund um den Lögurinn

⑬ **Egilsstaðir** ❯ **Hallormsstaðarskógur** ❯ **Végarður** ❯ **Skriðuklaustur** ❯ **Egilsstaðir**

Dauer: 1 Tag
Praktische Hinweise: Für diese Tour braucht man einen Pkw, den man auch in Egilsstaðir am Flughafen leihen kann.

Der See **Lögurinn** ❯ S. 104 südwestlich von **Egilsstaðir** ❯ S. 103 ist im Grunde ein besonders breiter Fluss, aber als solchen nimmt

Entlang der Fjorde nach Höfn

⑭ **Egilsstaðir** ❯ **Reyðarfjörður** ❯ **Fáskrúðsfjörður** ❯ **Stöðvarfjörður** ❯ **Breiðdalsvík** ❯ **Djúpivogur** ❯ **Höfn**

Dauer: 1 Tag
Praktische Hinweise: Man kann die Orte mit dem Bus anfahren, doch bleibt dann keine Zeit für Besichtigungen. Ab Breiðdalsvík kann man wieder die Busverbindung zwischen Höfn und Egilsstaðir nutzen.

Zunächst geht es von **Egilsstaðir** › unten auf der Nr. 92 über die Hochebene Fagridalur nach **Reyðarfjörður** › S. 105. Der Ort am gleichnamigen Fjord wirkt seit der Eröffnung der Aluminiumschmelze geradezu städtisch.

Durch den Tunnel geht es nun auf der Nr. 96 die Küste entlang, die in vielem den Westfjorden ähnelt. In **Fáskrúðsfjörður** › S. 106 mutet manches französisch an. In **Stöðvarfjörður** › S. 106 lohnt ein Besuch der Mineraliensammlung. **Breiðdalsvík** liegt an dem größten Tal, das sich im Osten eingegraben hat, und auf den vorgelagerten Inseln leben Eiderenten und Robben. Hier stößt die Straße auf die Nr. 1. **Djúpivogur** › S. 106 bietet Vogelfreunden Gelegenheit für Beobachtungen. Auch die weitere Strecke entlang der Küsten in den Süden eröffnet immer wieder schöne Ausblicke auf das Meer und lädt zu Pausen ein. Schließlich ist **Höfn** › S. 107 am Fuß des Vatnajökull erreicht.

Wichtige Adressen

Markaðsstofa Austurlands, Tel. 472 1750, www.east.is, bietet Vorabinformationen.

Unterwegs im Osten

Egilsstaðir-Fellabær ❶

Den Aufstieg der Doppelstadt (2700 Einw.) von einem Gehöft zum Zentrum Ostislands innerhalb von 40 Jahren ermöglichte die 1958 gebaute Holzbrücke über den See Lögurinn. Dem Leben in den Ostfjorden widmet sich das **Heimatmuseum,** wo man auch erfährt, dass Egilsstaðir zur Landnahmezeit eine Hinrichtungsstätte für Verbrecher war; die alte Ortsbezeichnung *Galgaás* (Galgenberg) erinnerte daran. (Laufskógum 1, Tel. 471 1412, Juni bis Aug. Di–So 11–17 Uhr, Sept.–Mai Mo bis Fr 13–17 Uhr).

Information

Tourist Info
Kaupvangi 10 (am Zeltplatz)
Tel. 471 2320
Sommer tgl. 9–22 Uhr, Winter eingeschränkt.

Hotels

■ **Icelandair-Hótel Herað**
Miðvangur 5–7][Tel. 471 1500
www.icehotels.is
Komfortables Business-Hotel. ●●●
■ **Gistihúsið Egilsstöðum**
Tel. 471 1114][www.egilsstadir.com
Hübscher alter Hof am Lögurinn, mit romantischen Zimmern. ●●–●●●

Restaurant

Café Nielsen
Tjarnarbraut 1][Tel. 471 2626

Große Kuchenvielfalt, guter Kaffee, abends italienische Küche. Tgl. 10–22 Uhr. ●●

Ausflüge

Nach Seyðisfjörður 2

Wer mit der Fähre »Norröna« anreist › S. 16, lernt als erste Station in Island diesen malerisch gelegenen Ort kennen. Gegen Ende des 19. Jhs. siedelten sich hier am gleichnamigen, von gewaltigen Bergen eingerahmten, langen und schmalen Fjord viele Norweger an – was erklärt, warum in der Kleinstadt zahlreiche bunte Häuser an Norwegen erinnern.

In der hübschen blauen **Kirche** geben zwischen Juni und August verschiedene Musiker meist klassische Konzerte.

Im einstigen Wohnhaus des Norwegers Otto Wathne, der Anfang des 20. Jhs. die Fisch verarbeitende Industrie in der Region mitbegründete, informiert ein **Technikmuseum** über die Entwicklung der Fotografie, Telegrafie und Medizin (Hafnargata 44, Tel. 472 1596, Sommer Di–So 11–17 Uhr, Winter n. Vereinb.).

Nahe des Ortes, an der Straße Nr. 93, rauscht der schöne Wasserfall **Gufufoss.**

Information

Touristeninformation im Fährhaus
Ferjuleira 1][Tel. 472 1551
www.seydisfjordur.is
Sommer Mo–Fr 9–12, 13–17,
Winter Di/Mi 9–12, 13–17 Uhr.
Infobroschüren, Zimmervermittlung,
Buchungen für die Norröna.

Verkehr

Nach Seyðisfjörður und auch nach Bakkagerði verkehren regelmäßig Busse von Egilsstaðir aus.

Unterkunft

Jugendherberge Hafaldan
Ránargata 9][Tel. 472 1410
www.simnet.is/halfdan
Ein Haus (7 Vierbettzimmer) in der Nähe des Hafens mit familiärer Atmosphäre, Küchenbenutzung. ●●

Bakkagerði 3

Den Ort am Borgarfjörður, ca. 70 km nördöstlich von Egilsstaðir, schmücken nicht nur viele alte, hübsche Holzhäuser, hier soll auch das Königspaar der Elfen wohnen. Doch auch auf den großen Sohn des Ortes, Jóhannes Sveinsson Kjarval › S. 33, ist man stolz. Kopien seiner Bilder und ein Nachbau seiner Atelierhütte sind im Museum des Gemeindehauses zu sehen (Juni–Aug. tgl. 12–18 Uhr). Am Pier befindet sich eine Vogelbeobachtungshütte. Von Bakkagerði starten Trekkingfans in die Einsamkeit des Dyrfjöll-Bergmassivs.

Am Lögurinn

Mit 52 km^2 Fläche und einer Länge von 35 km ist der Lögurinn (Lagarfljót) der drittgrößte See Islands. In ihm soll Ormur hausen, ein legendäres Seeungeheuer. »Lagarfljótsormur« ist auch der Name des Ausflugsschiffes. Es verkehrt in den Sommermonaten vom Steg an der Brücke (Furuvellir 4, Tel./Fax 471 2900, www.ormur.is).

Hallormsstaðar-skógur 4

Umrundet man den Lögurinn auf der gut ausgebauten 931, kommt man in Islands größten Wald. Mit der Wiederaufforstung wurde zu Anfang des 20. Jhs. begonnen, somit findet man durchaus 100 Jahre alte Bäume hier, der höchste ist eine Lärche. Zahlreiche Spazierwege führen durch den Wald.

Végarður 5

Das Infozentrum Végarður des Energieunternehmens Landsvirkjun liegt auf der westlichen Seeseite. Die Informationen über das Kraftwerk, das das Aluminiumwerk in Reyðarfjörður beliefert, und den damit verbundenen Bau des Stausees im Hochland sind sehr anschaulich (Mai–Aug. tgl. 9–17 Uhr). Wer sich den **Kárahnjúkar-Damm** ansehen möchte, fährt auf der Straße 910 50 km ins Landesinnere.

Skriðuklaustur 6

Dieses ehemalige Wohnhaus des Dichters Gunnar Gunnarsson, wirkt in seiner Wuchtigkeit befremdlich. Entworfen hat es der deutsche Architekt Fritz Höger 1939, die Frage, inwieweit sich die Nationalsozialisten an der Finanzierung beteiligt haben, ist ungeklärt. Gunnarsson vermachte den Hof nach seinem Tod 1975 dem Staat, der 2000 dann auch das gewünschte Kulturzentrum einrichtete. Im 15. Jh. stand hier ein Kloster, entsprechende Hinweise dazu findet man in einer Ausstellung (Sommer tgl. 10–18 Uhr).

Die »Norröna« in Seyðisfjörður

Zeltplatz Atlavík
Tel. 849 1461 oder 471 1774
im Wald Hallormsstaðarskógur
Gut ausgestattet, romantisch gelegen unter Bäumen und direkt am See. ●

Skriðuklaustur
Tel. 471 2992][**www.skriduklaustur.is**
Ausgezeichnetes Restaurant: Probieren Sie den Kuchen und die Suppen! ●

Die Ostfjorde

Reyðarfjörður 7

Reyðarfjörður ist seit dem Bau des Aluminiumwerks Alcoa mit rund 1500 Einwohnern der größte Ort an der Ostküste. Die gute Infrastruktur hat viele Bewohner angezogen. Während des 2. Weltkriegs war hier eine Militärbasis der Alliierten; das **Museum** gibt Aufschluss über das Leben der Isländer während der englischen und amerikanischen Besatzung (Juni–Aug. tgl. 13–18 Uhr).

Im 16. Jh. durften deutsche Hansekaufleute in Djúpivogur Handel treiben

Fáskrúðsfjörður 8

Frankreich verbunden fühlen sich die Bewohner von Fáskrúðsfjörður. Zu Beginn des 20. Jhs. war hier ein Hauptstützpunkt für französische Seeleute, die sogar eine Kirche mit Friedhof und ein Krankenhaus unterhielten. Noch heute verweisen die zweisprachigen Straßenschilder auf die Verbindung. In der Umgebung gibt es schöne markierte Wanderwege. Auf den vorgelagerten Inseln leben große Seevögelkolonien.

Restaurant

Fransmenn á Íslandi
Tel. 475 1525
Französisches Ambiente und viele Infos über die französischen Fischer. Tgl. ●

Stöðvarfjörður 9

Die Mineralienvorkommen und die Bergkulisse machen den winzigen Ort zum lohnenden Stopp. **Echt gut!** Die Mineraliensammlung von Petra Sveinsdóttir ist bunt und fröhlich präsentiert, die meisten Steine stammen aus der Gegend (Mai–Sept. tgl. 9–18 Uhr).

Hotel

Kirjubær
Tel. 892 3319
www.simnet.is/birgiral
Die ungewöhnlichste Unterkunft im Land: Schlafsackübernachtung in einer alten Kirche, gemütlich, schöne Lage. ● **Echt gut**

Djúpivogur 10

Nahe Djúpivogur erhebt sich der auffällige 1069 m hohe **Búlandstindur,** der ähnlich wie der Snæfellsjökull als Energiezentrum gilt. Der ansehnliche Ort (400 Einw.) mit seinem netten Hafen war lange Zeit ein wichtiger Handelsstützpunkt. In der Umgebung kann man kleine Wanderungen und Vogelbeobachtungsfahrten zur Insel Papey unternehmen.

Hotel

Hotel Framtíð
Tel. 478 8887
www.simnet.is/framtid

Hotel, auch Schlafsackunterkunft, Früh-stück kostet extra. Restaurant (●●) mit guten Fischgerichten und selbst geba-ckenem Brot. ●●–●●●

Höfn 🆔

Die Kleinstadt (1700 Einw.) mit bedeutendem Fischereihafen liegt am Fuß des Vatnajökull. Der »Wassergletscher« lockt Abenteu-ertouristen, die den Giganten er-leben und mit einem Schneemo-bil übers Eis sausen wollen.

Das **Heimatmuseum** am Orts-eingang ist im ältesten Haus Höfns (1864) untergebracht (20. Mai–15. Sept. tgl. 13–18 Uhr, Juli 13–21 Uhr). Doch die wirkliche Sehenswürdigkeit ist das **Glet-schermuseum.** Hier erfährt man alles über und zum Gletscher – ideal, bevor man sich selber zum Vatnajökull begibt (Hafnarbraut 30, Juni–Aug. tgl. 9–21 Uhr).

Touren beginnen und enden an der 800 m hoch gelegenen Hütte Jöklasl, die man über die Piste F 980 erreicht. Tourenanbieter wie **Glacier Jeeps** (Tel. 478 1000, 894 3133, www.glacierjeeps.is) übernehmen die Transfers ab Höfn (Kosten im Tourpreis ent-halten). Ein tolles Erlebnis ist ein **Rundflug über das Gletscher-plateau** – allerdings müssen die Wetterbedingungen sehr gut sein (Ernir, Eagle Air, Tel. 562 4200).

Info

Tourist Information
Hafnarbraut 30][Tel. 478 1500
www.hornarfjordur.is/ferdathjonusta, www.east.is

Juni–Aug. tgl. 9–21, Mai/Sept. tgl. 13 bis 18, Okt.–April Mo–Fr 13–16 Uhr.

Verkehr

Flughafen: Ca. 2 km nordwestl. von Höfn, Transfers mit Taxis möglich. Lini-enflüge nach Reykjavík und Egilsstaðir, Info: Air Iceland, Tel. 478 1250.

Unterkünfte

■ **Gistiheimili Ásgardur**
Ránaslöð 3 (am Hafen)
Tel. 478 1365
http://horn.is/asgardur
Großes Gästehaus in der Nähe des Meeres. Frühstück samt Vatnajökull-panorama gibts im Nachbarhaus. ●●
■ **Nýibær**
Hafnarbraut 8][Tel. 478 1736
www.hostel.is
Jugendherberge, geöffnet März–Dez. ●
■ **Camping Höfn**
Hafnarbraut 52][Tel. 478 1606
www.isholf.is/camping
Gepflegter Platz an der Hauptstraße. ●

Restaurants

■ **Hornið**
Hafnarbraut 42][Tel. 478 2600
Guter Kaffee, leckerer Kuchen und das Spezialgericht: Hummerkrabben.
Mo–Do 11–22, Fr bis 1, Sa 12–1,
So 12–22 Uhr. ●–●●
■ **Ósinn**
Víkurbraut 24][Tel. 478 2200
Restaurant für Fast-Food- oder Snack-fans. Tgl. 8–23 Uhr. ●

Shopping

Gallery Árnanes
im Hotel Árnanes 5 (beim Flughafen)
Tel. 478 1550
Geöffnet n. Vereinb. Ölgemälde und Aquarelle der heimischen Künstlerin.

Der Süden

Nicht verpassen!

- Auf den Hügel an der Gletscherlagune Jökulsárlón steigen und die Enten und Robben beobachten
- Die Mitternachtssonne in Skaftafell bewundern, wenn sie Islands höchsten Berg in irisierendes Rot taucht
- Eine Hütte in Hella mieten und beim Blick auf den Fluss Rangá und seine Umgebung ganz und gar zur Ruhe kommen
- Auf die Hekla steigen, die schöne Aussicht genießen – und vielleicht den Eingang zur Hölle finden

Zur Orientierung

Der Süden Islands ist vielleicht die typischste Region des Landes, vereint er doch alles, was Island ausmacht: Gletscher, Vulkane, Pferde, Wasserfälle und Sagas.

Der östliche Teil ist vom Gletscher Vatnajökull geprägt. In der Region zwischen Höfn und Jökulsárlón dominiert Landwirtschaft: viel Grün, etliche Höfe. So sah auch das Gebiet weiter westlich im Mittelalter aus, damals fruchtbares Land, das von den Gletscherläufen als Folge der Vulkanausbrüche unter dem Gletscher zerstört wurde. Übrig sind nur noch die Sanderflächen, die sich von Skeiðarársandur bis Mýrdalssandur ziehen, unterbrochen durch das Lavafeld Eldhraun.

Von Vík bis in den Westen reicht Islands wichtigste Agrarregion. Weideflächen ermöglichen Schaf- und Rinderzucht und bieten Platz für Pferdehöfe.

Aufgrund der flachen Südküste gibt es von Höfn bis Þorlákshöfn keine bedeutenden Häfen. Die breiten, schwarzen Strände, vor allem bei Vík, zählen zu den schönsten des Landes.

Ein Höhepunkt sind die vorgelagerten Westmänner-Inseln, von denen nur Heimaey bewohnt ist. Hier kann man noch deutliche Spuren des spektakulären Vulkanausbruchs von 1973 sehen.

Abenteuer zwischen Eisschollen: Gletscherlagune Jökulsárlón

Touren im Süden

Im Bann des Gletschers

> ━⑮━ **Höfn › Jöklasel › Jökulsárlón › Skaftafell › Kirkjubæjarklaustur › Lakagígar › Vík**

Dauer: 3 Tage (mit Wanderungen in den Lakagígar 4 Tage)
Praktische Hinweise: Zwischen Höfn und Kirkjubæjarklaustur gibt es keine Einkaufsmöglichkeit, der Laden am Zeltplatz in Skaftafell bietet nur wenig. Wer die Abstecher nach Jöklasel und Lakagígar selbst fahren möchte, braucht einen Geländewagen, ansonsten fährt man nur auf der Ringstraße. Busse verkehren entlang der Ringstraße sowie zu den Lakagígar (nur Juli/ Aug., ab Skaftafell und Kirkjubæjarklaustur nach Laki, 3,5 Std. Aufenthalt). In Höfn kann man eine Tour nach **Jöklasel** auf dem Vatnajökull buchen (mit Glacierjeeps, Tel. 478 0000, www.glacierjeeps.is, Abholung von der Ringstraße).

Am Morgen fährt man in **Höfn ›** S. 107 los und hält sich auf der Ringstraße Richtung Smyrlabjörg; kurz vor dem Ort zweigt die relativ steile Jeeppiste F 985 zur **Jöklasel-Hütte** auf 840 m Höhe ab. Von dort werden Skidoo-Touren auf den *****Vatnajökull › S. 114** angeboten (Glacierjeeps, **›** oben).

Laugar
Krafla ▲ 818
⑲ Reykjahlíð
Skútu- Námafjall
staðir Mývatn
Grímsstaðir

Möðrudalur
Skjöldólfs-
staðir

Sænautasel

Herðubreið ▲ 1682 36
Askja-Piste

Askja ▲ 1510 37

Háslón Stausee

⑲ 38
1860
Kverkfjöll

arbunga

Vatnajökull

1719
Grímsvötn

Skaftafell
Nationalpark ⑬

Svartifoss Hvannadals-
hnúkur ▲ 2119
staðir Freysnes Öræfajökull ⑮
Ö Hof Fagurhólsmýri

Vopnafjörður

Héraðsflói
Húsey
Jökulsá á Dal
Lagarfljót
Jökulsá
Laxárdalsheiði

94

DYRFJÖLL ③
Bákka-gerði
Hansholm,
Tórshavn

Seyðisfjörður
93 ② Dalatangi
① Egilsstaðir
Brekka
⑬ Neskaupstaður
⑭ 92
Skriðuklaustur ⑥ ⑬ ④ Eskifjörður
Vérgarður ⑤ 96 Vattarnes
Reyðarfjörður 8
Fáskrúðsfjörður
1 Stöðvarfjörður ⑨
Búlandstindur 1069 Breiðdalsvík
Lambatungu- ⑭
jökull Djúpivogur ⑩
1570

1
Stafafell

14
Höfn

Esjufjöll ⑮
1522 Skálafells- 11
jökull

Jökulsárlón ⑫

ATLANTISCHER

OZEAN

Osten, Süden und Hochland

N

0   50 km

Weiter geht es zum nächsten Gletscherrendezvous auf der Lagune ****Jökulsárlón** ❯ S. 113, wo man mit dem Boot zwischen Eisbergen herumfährt. Am Spätnachmittag kommt man in ****Skaftafell** ❯ S. 113 an, wo man übernachtet, um am nächsten Tag zu einer Wanderung zwischen den Gletscherzungen aufzubrechen, z.B. zum Wasserfall ***Svartifoss.**

Eine Stunde dauert die Fahrt über die Schotterebene Skeiðarársandur bis in den Übernachtungsort **Kirkjubæjarklaustur** ❯ S. 115. Am nächsten Tag geht es von dort zu den fantastischen Lavafeldern *****Lakagígar** ❯ S. 114 – die Piste F 206 ist für Allradwagenfahrer ein tolles Erlebnis. Wer ausgiebig wandern will, muss beachten, dass das Campen in den Lavafeldern verboten ist; die nächste Campingmöglichkeit besteht beim Hof Blágil, oder Sie fahren zurück nach Kirkjubæjarklaustur. Ohne Wandertour kann man am Nachmittag noch nach **Vík** ❯ S. 115 fahren, eine Stunde auf der Ringstraße. Hier begeistern die schöne Strände und die Vogelfelsen.

Von Vík zur Hekla

⏤ ⑯ **Vík** ❯ **Skógar** ❯ **Hvólsvöllur** ❯ **Hella** ❯ **Hekla**

Dauer: 3 Tage
Praktische Hinweise: Ein Auto ist v.a. für die Fahrt zu den Saga-Schauplätzen unerlässlich. Von Hvólsvöllur lässt sich ein Abstecher ins Wandergebiet Þórsmörk einplanen ❯ S. 117.

Von **Vík** ❯ S. 115 erreicht man über den Abzweig Nr. 215 die Nehrung **Dyrhólaós**. Weiter westlich führt die 216 auf die Landzunge **Dyrhólaey** ❯ S. 116, hier kann man mit einem Amphibienfahrzeug durch den Felsdurchbruch an der Südspitze fahren.

40 km nordwestlich von Vík liegt der Wasserfall ****Skógafoss** ❯ S. 116 mit Museum. Leicht kann man hier den Rest des Tages verbringen, in ****Skógar** ❯ S. 116 gibt es Übernachtungsmöglichkeiten.

Am nächsten Tag fährt man nach **Hvólsvöllur** ❯ S. 117. Hier steht zunächst ein Besuch im Sagazentrum an, danach erkundet man einige Schauplätze der Njáls saga (»Saga vom weisen Njál«). Die 261 führt nach **Hlíðarendi**, dem Hof von Njálls Freund Gunnar. 3 km weiter zweigt die Nr. 250 nach Süden ab. Schon von Weitem sieht man den 178 m hohen Hügel **Stóra-Dímon,** an dem der erste Mord in der Saga verübt wird. Nachdem man die Ringstraße gekreuzt hat, geht es auf der Nr. 252 nach **Bergþórshvoll,** wo Njáll mit seiner Familie lebte. In einem Bogen entlang der Küste stößt man auf die Nr. 255, die zurück zur Ringstraße führt. Nordwestlich von Hvólsvöllur zweigt die Nr. 264 ab zum ***Hof Keldur** ❯ S. 117, Heimat des Onkels von Njálls unehelichem Sohn.

In einem Bogen gelangt man auf der 264 nach **Hella** ❯ S. 118 mit Übernachtungsplatz direkt am Fluss Rangá. Am nächsten Tag erkundet man die Region um den Vulkan ****Hekla** ❯ S. 118.

Von Selfoss nach Hveragerði

➡ ⑰ ➡ Selfoss › Stokkseyri ›
Eyrarbakki › Þorlákshöfn ›
Hveragerði

Dauer: 1 Tag
Praktische Hinweise: Täglich verkehren Busse zwischen Reykjavík und Selfoss, die auch die kleinen Orte anfahren.

Die Fahrt von Selfoss entlang der Küste zu alten Fischerorten ist reizvoll. Man fährt auf kleinen Straßen vorbei an breiten Stränden, und je mehr man sich Þorlákshöfn nähert, desto breiter wird der Fluss Ölfusá.

Von **Selfoss** › S. 118 geht es auf der Nr. 33 durch grünes Land, an etlichen Höfen vorbei. Wer Elfen und Trolle liebt, stoppt im Geistermuseum (Sommer tgl. 13–19) von **Stokkseyri** › S. 119. Nachdem man das Dorf verlassen hat, gelangt man auf die Nr. 34, die nach **Eyrarbakki** › S. 119 führt. Heimat- und Seefahrtsmuseum und der schöne Strand lohnen einen Aufenthalt. Die Nr. 34 führt über den Ölfusá, der hier mehr Lagune als Fluss ist. Ein Blick in den Hafen von **Þorlákshöfn** › S. 119 lohnt sich schon wegen der großen Natursteinmauer. Weiter geht es auf der Nr. 38, wo rechts und links des Weges Höfe liegen. In der Umgebung von ***Hveragerði** › S. 58 stehen mit geothermischer Energie betriebene Gewächshäuser; mitten im Ort liegt ein kleines Thermalgebiet.

Wichtige Adressen

■ Visit South Iceland:
www.south.is.
■ Westmänner-Inseln:
www.visitwestmanislands.com

Unterwegs im Süden

***Skaftafell-Nationalpark

8 ### **Jökulsárlón ⑫
Echtes Arktisgefühl vermittelt eine Bootstour auf der grandiosen Gletscherlagune. Blassblaue Eisblöcke, die von der Gletscherzunge des Vatnajökull abbrechen, treiben im bis zu 180 m tiefen Wasser. An klaren Tagen erhebt sich im Hintergrund der gewaltige Vatnajökull wie ein Märchenbild. Das Schiff legt im Sommer tgl. alle 30–60 Min. ab (Buchung unter Tel. 478 2122, www.jokulsarlon.is).

9 ### **Skaftafell ⑬
Schnüren Sie die Trekkingschuhe – es erwarten Sie sechs Haupttouren von einer bis zu sieben Stunden Dauer und zahlrei-

Grandiose und majestätische Landschaft im Skaftafell-Nationalpark

schneehühner, Bergfinken und viele andere Arten beobachten.

Weht der Wind aus Nordwesten, beschert Föhn dem Park häufig angenehm mildes Wetter – die meisten Wolken regnen bzw. schneien sich dann an der Nordwestseite des Vatnajökull-Massivs ab. Der Gletscher bedeckt eine Fläche, die etwa halb so groß ist wie Schleswig-Holstein, unter seinem an manchen Stellen 1000 m dicken Eispanzer verbergen sich aktive Vulkane wie die Grímsvötn. Beim letzten Ausbruch im November 2004 stiegen die Aschesäulen 13 km hoch.

Info

Servicezentrum des Nationalparks
(Þjónumiðstöðin)][www.ust.is
Im Sommer tgl.
Hier bekommt man u.a. eine Faltkarte mit den Wandertouren; Ausstellung über den Gletscher.

Unterkünfte

■ **Hótel Skaftafell**
Freysnes bei Skaftafell
Fagurhólsmýri][**Tel. 478 1945**
www.hotelskaftafell.is
Große Zimmer und netter Service, nur 4 km vom Nationalpark entfernt an der Ringstraße. ●●●

■ **Camping Skaftafell**
Tel. 478 1627
Der große Zeltplatz mit Cafeteria liegt gleich am Info-Center. Die Tankstelle deckt den Grundbedarf an Vorräten.

che Varianten. Dabei kommt man einer der Gletscherzungen des gigantischen ***Vatnajökull recht nahe – und auf den umliegenden Bergen mit Höhen von 1000 bis 1500 m hoch hinaus. Gut zu bewältigen ist der Weg zum hübschen Wasserfall *Svartifoss (ca. 90 Min.), dessen Kulisse ein Halbrund aus Basaltsäulen bildet.

Der Reiz des bereits 1967 zum Nationalpark erklärten Gebiets liegt in der alpin wirkenden Landschaft und der einzigartigen Fauna und Flora. Im Habitat mit Birkenwäldchen, Zwergstrauchheide oder Arktischen Weideröschen lassen sich Rotdrosseln, Alpen-

Lakagígar ⒕

Über 100 Krater reihen sich 27 km entlang der Spalten, die vom Vatnajökull bis in den Südwesten verlaufen. Der Berg **Laki** (818 m) gliedert die Spalten in zwei gleich große Teile. Vom Berg hat man einen guten Blick auf die Kette. Die ==Atmosphäre dieser Lavalandschaft ist einzigartig,== kaum ein Geräusch und ein Farbenspiel von Graugrün über Rot bis Schwarz. Die Folgen des Laki-Ausbruchs 1783/84 waren für das Land verheerend, es wurden nicht nur 14 Höfe zerstört, sondern auch die verseuchten Weiden und Oberflächengewässer vernichteten Mensch und Tier. Das Lavafeld **Eldhraun** stammt von diesem Ausbruch.

Kirkjubæjarklaustur 15

Schon im Namen der 150-Seelen-Gemeinde am Ostrand des kargen Mýrdalssandur steckt die Bezeichnung »Kirche« – und damit hat es zweierlei auf sich: Zwischen dem 11. und 16. Jh. existierte an dieser Stelle eine Benediktinerinnen-Abtei, von der nur noch Reste sichtbar sind. Vermutlich lebten hier schon vor der Landnahmezeit irische Mönche. Nahe des Campingplatzes Kleifar, an der Straße 203, ragen wundersam abgeschliffene Endstücke unterirdischer Basaltsäulen auf, die bildhaft *Kirkjugólfð*, Kirchenfußboden, genannt werden.

Info

Tourist Info
Skaftárskáli (Tankstelle)
Tel. 487 4620][www.klaustur.is

Unterkunft

Hôtel Klaustur
Klausturvegur 6][Tel. 487 4900
www.icehotels.is
Modernes Dreisternehotel, dessen Ausstattung der eines Business-Hotels entspricht. Bar und Restaurant im Haus. Das Hotel hilft auch bei der Organisation von Touren. ●●●

Vík 16

Der südlichste Küstenort Islands ist das Dienstleistungszentrum der Region. Den Anblick der Küste genießen kann man am besten am südlich gelegenen tiefschwarzen **Reynisfjara-Strand,** der als einer der schönsten Lavastrände Europas gilt. Dort erinnert ein Denkmal »an die Seeleute, die in der deutschen Islandfahrt ihr Leben verloren« und an die isländischen Retter, die Schiffbrüchige vor dem Tod bewahrten.

Info

Tourist Info
Café Brydebúð][Vikurbraut 28
Tel. 487 1395][www.vik.is
Mitte Juni–Aug. tgl. 10.30–13.30,
14.30–17 Uhr.

Hotels

■ **Hôtel Höfðbrekka**
5 km östl. von Vík Richtung Flugplatz
Tel. 487 1208][www.hofdabrekka.is
Idyllisch gelegenes Haus mit geräumigen Lodge-Unterkünften, gutem Restaurant und vier geothermisch beheizten Sitzbadebecken. ●●●

■ **Vík**
Klettsvegur 42][Tel. 487 1480
www.hoteledda.is

Kleineres Haus in toller Lage neben den Víkurhamrar-Klippen, sehr gutes Hotelrestaurant mit Meerblick. ●●●

Dyrhólaey 🏷17

Nahe Skeiðflötur zweigt die leider schlechte Str. 218 zum **Kap Dyr-hólaey** ab, dem südlichsten Punkt des »festländischen« Island mit schwarzem Sandstrand und Leuchtturm. Markenzeichen am Kap ist ein gewaltiger Steinbogen, ein Werk der Wellen, der auch den Namen gab: Türhügelinsel. An der Küste brüten Seevögel, darum darf man das Gebiet erst ab Ende Juni befahren.

10 **Skógar 🏷18

Der kleine Ort wartet mit einem Wasserfall auf, dem **Skógafoss** mit seinem 62 m hohen, fast 25 m breiten Wasserstrahl. Ihn speisen Schmelzwasser der Gletscher Eyjafjallajökull und Mýrdalsjökull.

Etwas oberhalb des Wasserfalls liegt ein Aussichtspunkt.

Neben dem Wasserfall befindet sich, neben einem malerischen Torfhaus-Ensemble, das ==Volks-kunde- und Heimatmuseum.== Es ist wohl das beste seiner Art im Land, eine umfangreiche Sammlung alter Geräte, Werkzeuge, Maschinen aus der Landwirtschaft, Fahrzeuge, Boote und Wohnungseinrichtungen. Wer Glück hat, trifft den rührigen Sammler, der das Museum eingerichtet hat (Juni–Aug. tgl. 9–18.30, Mai/Sept. tgl. 10–17, Okt.–April 11–16 Uhr, Tel. 487 8845, www.skogasafn.is).

Unterkünfte

■ **Edda-Hotel**
Tel. 444 4830][www.hoteledda.is
Sommerhotel mit Zimmern ohne Bad, aber mit gutem Restaurant, geöffnet Mitte Juni bis Ende Aug. ●

■ **Camping Skógar**
Tel. 487 8843][arni@hvolsvollur.is
Schön in der Nähe des Wasserfalls.

Das Museum von Skógar mit dem Grassodenhof wird ständig erweitert

Hvolsvöllur 🔢

Hvolsvöllur entwickelte sich ab den 1930er-Jahren zu einem Dienstleistungs- und Handelszentrum der Region. Der ansonsten nicht sehr attraktive Ort ist ein guter Ausgangspunkt für Erkundungen auf den Spuren der berühmten Njáls saga, einem Drama um den Rechtsgelehrten Njáll Þórgeirsson, dessen Freund, den Krieger Gunnar, und ihre Frauen. Eine gute Einführung bietet der Besuch des **Sagazentrums**, wo auch in einer Ausstellung die Hintergründe aus Islands Wikingerzeit beleuchtet werden. Im Sagazentrum befindet sich das Touristenbüro von Hvolsvöllur. Hier erhält man eine Karte mit den wichtigsten Schauplätzen der Njáls saga in der Umgebung. (*Sögusetrið*, Hliðarvegi 1, Tel. 487 8781, Mitte Mai–Mitte Sept. tgl. 9–18 Uhr, www.njala.is) Siehe auch Tourvorschlag ❯ S. 112.

Ausflug nach **Þórsmörk** 🔢

Die Piste F 249 in das großartige Naturreservat ist aufgrund etlicher reißender Furten nur von sehr erfahrenen Allradfahrern zu bewältigen. Es empfiehlt sich, für diesen Abstecher den Bus zu nehmen (ab Hvolsvöllur, Juni–Anfang Sept., www.re.is, auch Buchung von Unterkünften).

Von der Ringstraße fährt man zunächst auf der 249 am ***Seljalandsfoss** vorbei. Beim Stopp hier sollte man eine Regenjacke überstreifen, denn der eindrucksvolle, 40 m hohe Wasserfall kennt keine Gnade. Wer ohne Schutz auf dem glitschigen Pfad hinter ihm entlanggeht, wird von der Gischt bis auf die Knochen durchnässt.

Weiter geht es auf der Piste über etliche Furten in das Tal »Wald des Thor« zwischen den Gletschern Mýrdals- und Eyjafjallajökull. Isländer kennen die Schönheit des Tals, und Wanderer schätzen es als besonders attraktives Gebiet, darum sind Hütten und Campingplätze der Wandervereine dort oft ausgebucht. In 3 bis 4 Tagen kann man auf einem der bekanntesten Trails Islands, dem **Laugavegur,** nach Landmannalaugar ❯ S. 136 wandern.

Schroffe Bergwelt in Þórsmörk

Hella 🎯

In der Umgebung des kleinen Orts (700 Einw.) findet man zahlreiche Wohnkavernen, noch vor der Landnahmezeit von keltischen Mönchen oder Einsiedlern zum Schutz vor Wind und Wetter in die weiche Erde gegraben. Einige sind bis zu 6 m lang.

Ca. 3 km östlich von Hella zweigt die Straße Nr. 264 zum sehr schönen Torfhof ***Keldur** ab, der heute ein Museum ist (Tel. 487 8452, Juni–Sept.). Schon um 1200 entstand die Haupthalle, gegen 1630 kamen weitere Gebäudeteile, 1875 die hübsche, wellblechverkleidete Kirche hinzu. Keldur ist vermutlich das älteste erhaltene Gebäude Islands und spielte auch eine Rolle in der Njáls saga.

Info

Tourist Info Hella
Þrúðvangi 2][**Tel. 487 5165**
Fax 487 5365
Juni–Aug. Mo–Fr 8–18.30 Uhr,
Sept.–Mai 10–17.30 Uhr.

Camping

Am Rangá-Ufer][**Tel. 487 5577**
www.arhus.is
Großer Zeltplatz mit 28 Hütten in wunderschöner Lage, mit Café.

Ausflug zur **Hekla 🎯

Die Straße 26 führt direkt zu Islands bekanntestem Vulkan: Hekla. 1491 m hoch ist das Massiv, das sich aufgrund der häufigen Ausbrüche stetig verändert. Bis ins 17. Jh. galt Hekla in Europa als Tor zur Hölle – wie sonst hätte man damals die verheerenden Ausbrüche erklären sollen? 1104 zerstörte eine Eruption die blühende Landschaft und Höfe in Þjórsárdalur. Der längste Ausbruch dauerte zwei Jahre, und bei dem stärksten Ausbruch im 20. Jh., 1947, wurde die Asche bis nach Finnland getragen.

Wer sich über die vielen Ausbrüche informieren möchte, sollte das **Hekla-Dokumentationszentrum** (*Heklumiðstöðin*) am Fuße des Vulkans besuchen; die Ausstellung ist sehr spannend aufbereitet (ca. 20 km nördl. von Hella, Sommer tgl. 10–18 Uhr, Infos über Leirubakki-Gästehaus, s.u.).

Hotel

Leirubakki
Tel. 487 8700][**www.leirubakki.is**
Gemütliches, komfortables Gästehaus, das einsam in der Berglandschaft an der Straße 26 zur Hekla liegt. Die Besitzer bieten Reittouren und Reiterferien an. ●–●●●

Selfoss 🎯

Die größte Stadt Südislands (6000 Einw.) ist Sitz der größten Molkerei des Landes und wichtiger Verkehrsknotenpunkt. Die schöne Lage am Fluss Ölfusá, über den eine Hängebrücke führt, sowie ein breites Freizeitangebot – Wanderungen in der Umgebung, Angeln oder Golfen auf dem schönen Platz am Ölfusá-Ufer – lohnen den Aufenthalt.

Info

Touristeninformation
In der Bibliothek][Austurvegur 2
Tel. 480 1990][www.arborg.is
Juni–Aug. Mo–Fr 10–19, Sa 11–14 Uhr.

Hotel

Gesthús
Engjavegur][Tel. 482 3585
www.gesthus.is
Gemütliche Hütten für 4 Personen mit
eigener Dusche/WC und Küche. Zentral
und dennoch lauschig gelegen. ●●

Ausflug nach Stokkseyri und Eyrarbakki

Die beiden kleinen Fischerorte
südlich bzw. südwestlich von Selfoss wirken mit ihren recht gut
erhaltenen alten Häusern wie Re-
likte aus den alten Zeiten, als sie
noch bedeutende Häfen und Han-
delsplätze waren. ❯ auch S. 113

Restaurant

Við Fjöruborðið
Stokkseyri][Eyrarbraut 34
Tel. 483 1550][www.fjorubordid.is
Berühmt für seine Hummergerichte
und sehr **beliebt bei den Isländern.
Schöne Terrasse.** ●●

Þorlákshöfn 24

An den Stränden in der Nähe der
Stadt (1500 Einw.) am breiten Öl-
fusá-Fjord entstanden Szenen des
von Steven Spielberg produzier-
ten Films »Flags of our Fathers«
(2006), bei dem Clint Eastwood
Regie führte.

Ihr Namenspatron, St. Þorlá-
kur, der einzige Heilige Islands
(1130–1193), war 1178 Bischof
von Skálholt. Aus 56 Einzelteilen
setzte Gunnstein Gíslason das Altarbild in der sehenswerten **Þor-
lákskirkja** zusammen (Besichtigung im Sommer Sa/So 15–18 Uhr
oder nach Vereinbarung, Tel.
483 3990).

Ähnlich sehenswert ist das
nahe gelegene kleine **Bücher- und
Heimatmuseum** (*Bóka og Byggðasafn*) im Rathaus Ölfus (Mo
bis Fr 8–18, Sa/So 13–18 Uhr).

Die meisten Reisenden setzen
jedoch gleich über auf die Westmänner-Inseln.

Verkehr

■ **Herjólfur**
Fährhafen Þorlákshöfn
Tel. 525 7700][www.herjolfur.is
Tgl. 10–12, 17.30–19.30 Uhr.
Die Fähre »Herjólfur« fährt täglich um
12 und 19.30 Uhr ab, nur an Feiertagen geänderte Zeiten. Man sollte eine
halbe Stunde vorher am Hafen sein.
Das Schiff fasst ca. 500 Personen und
60 Pkw. Bei rauer See und Sturmwar-
nung kann die Verbindung kurzfristig
eingestellt werden. Die Überfahrt
dauert 3 Std., auf der Fähre gibt es
eine Cafeteria.
■ **Autoverleih:** Sparfüchse nehmen
den Bus von Reykjavík nach Þorlákshöfn (Fahrpläne unter www.bsi.is) und
mieten den Geländewagen für eine
Tour nach Þórsmörk erst dort. Ein Pro-
fi-Vermieter, der den Wagen an den
Fährhafen bringt, ist **Sunnæva Trailer
Camper & Car Rental,** Hængi 6,
Selfoss, Tel. 482 3119 oder 892 1149,
www.islandia.is/bvth

Special

Eis und Eruptionen hautnah

Islands großer Reiz sind die ungezähmten Naturgewalten, die sich Reisenden gut erschließen. Problemlos können Sie zischenden Geysiren, brodelnden Schlammtöpfen oder donnernden Wasserfällen, dem ewigen Eis der Gletscher oder heißen Thermalquellen nahe kommen – und einen Fitnesstest müssen Sie dabei nicht bestehen, denn oft genug findet das freie Spiel der Naturkräfte einfach am Wegesrand statt.

Neue und bekannte Geysire

Vor den Augen einer Wanderergruppe brach am 29. Juni 2003 am Ende der Kerlingarfjöll-Piste, auf dem Weg zum Snækollur, urplötzlich der Boden auf. Aus einer tellergroßen Öffnung schossen

heißer Schlamm, Dampf und Wasser: Seither gibt es auf Island einen Geysir mehr – wenn auch nur einen ganz kleinen, der zudem unregelmäßig spuckt. Im Kerlingarfjöll-Gebiet können solche Ausbrüche jederzeit vorkommen, denn die Region ist geologisch besonders aktiv.

Wer auf Nummer sicher gehen möchte, besucht die berühmten Springquellen im Thermalgebiet Haukaladur – eine besonders tolle Fontäne produziert dort der Strokkur > S. 57.

Vulkanausbruch (fast) live

Dieses Erlebnis ermöglichen die beliebten ein- oder zweistündigen Vulcano Shows von Vilhjálmur und Ósvaldur Knudsen. Ihr grandioses Filmmaterial aus den letzten 40 Jahren dokumentiert u.a. die Entstehung der Insel Surtsey und den Ausbruch der Hekla 1970 sowie die Ausbrüche der Grímsvötn 1996 und 1998 unter dem Eis des Vatnajökull. Ähnliche Filme gibt es auf Heimaey (Westmänner-Inseln) zu sehen ❯ S. 123.

Red Rock Cinema

Hellusund 6 a][**101 Reykjavík**

Tel. 845 9548

Tgl. Juli–Aug. 11, 15, 20 Uhr (1. Teil englisch); 1. Teil 16 Uhr (deutsch), 2. Teil 12, 16, 21 Uhr (deutsch 19 Uhr), Sept., April–Juni tgl. 1. Teil 15, 18 Uhr, 2. Teil 16, 21 Uhr, Okt.–März tgl. 1. Teil 20, 2. Teil. 21 Uhr.

Wasserfälle, wohin man schaut

Zu den schönsten Wasserfällen am Wegesrand zählen die bekannten **Hraunfossar** ❯ S. 70 an der Straße 518 im Tal bei Reykholt. Auf einer Breite von mehr als 1 km quellen zahllose Kaskaden aus einem schwarzbraunen Lavafeld und ergießen sich in den Fluss Hvítá. Für reichlich Nachschub sorgt stets das Schmelzwasser des Langjökull.

Mit 198 m ist der **Glymur** am Hvalfjörður ❯ S. 64 der höchste Wasserfall Islands. Weitere äußerst beeindruckende Fälle sind **Gullfoss** ❯ S. 57, **Skógafoss** ❯ S. 116, **Dettifoss** ❯ S. 94, **Goðafoss** ❯ S. 89 und vor allem der **Dynjandi** ❯ S. 76.

Auf einen Jökull

Gletschereis hat Island reichlich, und wer entlang der Südküste unterwegs ist, wird einen Abstecher auf den **Vatnajökull** ❯ S. 114 einplanen oder den Eisblöcken auf der **Jökulsárlón-Lagune** ❯ S. 113 an der Ringstraße begegnen. Auch andere Gletscher sind zugänglich, z.B. der **Langjökull** (mit ca. 1025 km^2 zweitgrößter Islands), wo **Activity Group** im Sommer Snowmobil-Fahrten anbietet.

Activity Group

Tunguháls 8][**110 Reykjavík**

Tel. 580 9900][**Fax 580 9901**

www.activity.is

In freier Natur mit Programm

Wer nicht auf eigene Faust losziehen will, kann sich einer organisierten Tour anschließen. Den besten Querschnitt bieten Kombi-Pakete, d.h. Touren, die »sanfte Abenteuer« in freier Natur kombinieren, z.B. Wandern, Mountainbiking und Jeep-Trips. Darauf hat sich **Guðmundur Jónasson-Travel,** Borgartún 34, 105 Reykjavík, Tel. 511 1515, www.gjtravel.is, spezialisiert. Ein zweiter großer Aktivanbieter ist **Iceland Total,** Skútuvogur 13A, 104 Reykjavík, Tel. 585 4300, www.icelandtotal.com.

**Westmänner-Inseln

Felszacken und Steilwände, aus denen das Meer Höhlen herausgespült hat, schroffe Klippen und spitz zulaufende Gipfel künden davon, wie rau es hier zugeht: An mehr als 70 Tagen im Jahr pfeift der Wind mit mehr als 9 Beaufort – das heißt: Sturmstärke – über die 15 Westmänner-Inseln, von denen lediglich die Hauptinsel Heimaey ständig bewohnt ist. Die Wetterstation am Stórhöfði, dem südlichsten Punkt Islands, gilt als windreichste Europas. Kein Wunder, dass hier die Wellen die Inseln fast täglich annagen – doch aus dem Erdinnern dringt dann und wann »Nachschub« empor, denn die *Vestmannaeyjar* sind, genau betrachtet, die Spitzen unterseeischer Vulkane, also auf flüssig-heißem Grund gebaut.

Den Namen verdanken die Eilande übrigens irischen Sklaven, von den ersten norwegischen Siedlern »Männer aus dem Westen« genannt, was von Island aus betrachtet natürlich nicht stimmt. Die »Westmänner« hatten ihren Herrn Hjörleifur, einen Halbbruder des ersten norwegischen Siedlers Ingólfur Arnarson, erschlagen und waren danach auf eine der Inseln geflohen.

Besuchen Sie Heimaey nach Möglichkeit am ersten Wochenende im August (Zimmer vorbuchen!). Dann nämlich steigt das Þjóðhátíð-Fest, mit dem man an die Einführung der isländischen Verfassung 1874 erinnert. Bei Seilschwing-Wettbewerben messen sich junge Männer in ihrer Geschicklichkeit. Nachts versammeln sich Tausende vor Stapeln von Holzpaletten, die mit Benzin und Streichhölzern in ein Flammenmeer verwandelt werden.

11 **Hauptinsel Heimaey 25

Die »Inselhauptstadt«

Wenn der Hafen in Sicht kommt, sieht man an dessen linker Seite die rostbraune Lavawand, die an den dramatischen Ausbruch des Helgafell-Vulkans von 1973 erinnert. Zunächst mag es irritieren, dass der Ort **Heimaey** fast an-

Faszinierender Anblick:
Die Westmänner-Inseln aus der
Vogelperspektive

dächtig still wirkt, obwohl hier die meisten der 4100 Einwohner der Hauptinsel leben: Weil das Städtchen kompakt ist und man alles zu Fuß erledigen kann, gibt es kaum Straßenverkehr.

Wer auf dem Skólavegur in Richtung Ortszentrum geht, stößt an der Ecke zum Kirkjuvegur auf die hübsche, 1778 erbaute **Landakirkja,** eine der ältesten Steinkirchen Islands (Besichtigung nach Vereinbarung unter Tel. 481 3555). Die Kirche, die nach dem Erdbeben wieder ausgegraben wurde, steht direkt neben dem Friedhof, dessen verschütteter Torbogen damals als Foto um die Welt ging.

Im **Heimatmuseum** kann man sich einen Eindruck vom Alltag der Bewohner Heimaeys verschaffen, die vor allem vom Fischfang, aber auch zunehmend vom Tourismus leben (Ráðhúströð, Tel. 481 1194, Sommer 11–17, Winter Sa/So 15–17 Uhr).

Auf der Insel dürfen im Juli und August übrigens Vögel gejagt sowie Eier gesammelt und verzehrt werden, woraus sich der wagemutige Volkssport des Seilschwingens an steilen Klippen entwickelt hat. Dies und anderes Wissenswertes über Flora und Fauna der Inselgruppe erfährt man im **Naturkundemuseum** (*Náttúrugrípasafnið*, Heiðarvegur 12, Tel. 481 1997, Sommer tgl. 11–17, Winter Sa/So 15–17 Uhr).

Schier Unglaubliches zeigt **The Volcanic Film Show** mit packenden Bildern des Vulkanausbruchs auf Heimaey. Auch der Wiederaufbau der Stadt und die Entste-

Klippen der Westmänner-Inseln

hung der Insel Surtsey sind zu sehen. Kurzfilme ergänzen das Programm (Faxastígur 33, Tel. 481 1045, Mitte Mai–Mitte Sept. tgl. 11 u. 15.30, Mitte Juni–Mitte Aug. auch 21 Uhr, meist englische Texte mit deutschen Untertiteln).

Info

Tourist Info
Safnahús (Museumsgebäude)
Raðhúströð][Tel. 481 3555
www.visitwestmanislands.com

Verkehr

■ **Fährverbindung:** Rückfahrt mit der »Herjólfur« tgl. ab 8.15 und 16 Uhr, Info-Tel. 481 2800, Fax 481 2991, www.herjolfur.is.

■ **Flugverbindung:** Der Flugplatz liegt ca. 1,5 km südlich der Innenstadt von Heimaey (Transfer mit dem Taxi), mehrmals tgl. Flüge mit **Air Iceland,** Tel. 570 3030, www.airiceland.is,

von/nach Reykjavík (ca. 30 Min).
Charter- oder Rundflüge gibt es auch
mit Flugfélag Vestmannaeyja,
Tel. 481 3255, www.eyjaflug.is.

■ **Hótel Þórshamar**
Vestmannabraut 28][**Tel. 481 2900**
www.hotelvestmannaeyjar.is
Gut ausgestattetes Hotel im Ortskern.
Jacuzzi und Sauna im Haus sowie
Restaurant Fjólan. ●●●

■ **Hreiðrið & Hrafnabjörg**
Faxastíg 33][**Tel. 481 1045**
http://tourist.eyjar.is
Gästehaus-Verband und Ausflugsan-
bieter, die Unterkunftspalette reicht
vom bequemen Zimmer bis zur Schlafsackunterkunft. Fahrradverleih. ●—●●

■ **Gistiheimili Árný**
Illugagata 7][**Tel. 481 2082**
ilugagata07@hotmail.com
Familiäres Gästehaus mit acht schlicht
ausgestatteten Zimmern. ●

Restaurant

Café Maria
Skólavegur 1][**Tel. 481 3160**
Angenehmes und beliebtes Café-Res-
taurant, breites Angebot von Pizzas,
Burger, leckeren Crêpes sowie Fleisch-
und Fischgerichten und auch Papagei-
taucher! So–Do 11.30–23.30 Uhr,
Fr/Sa 11.30–1 Uhr. ●●—●●●

Auf der Insel unterwegs

Wer einmal einem aktiven Vulkan
zu Leibe rücken möchte, sollte
den halbstündigen Marsch vom
Ort hinauf zum dampfenden Krater *Eldfell, der 1973 entstanden
ist, nicht scheuen – trotz der lo-
ckeren Lava und der unterwegs

zunehmend warmen Erde, die gutes Schuhwerk erfordern. Durch
die neue Lava gelangt man zur
Ausgrabungsstelle **Pompeji des
Nordens,** wo man einige der ver-
schütteten Häuser wieder freilegt.
Weiter gen Norden liegt die Be-
festigungsanlage **Skansinn,** die
die Dänen Ende des 16. Jhs. an-
legten. Dort steht auch der Nachbau einer Stabkirche, ein Ge-
schenk der Norweger.

Entlang der Küsten im Norden
erstrecken sich steil abfallende
Klippen, die man erklimmen
kann, um den Blick zu genießen
und um die Papageitaucher zu beobachten. **Heimaklettur** ist dafür
ideal und die Klippen um **Her-
jólfsdalur** (hier gibt es einen
schönen Campingplatz). Dass
die Vögel an den großen Vogelfelsen von Skarfatangi, Sæfjall und
Ræningjatangi südlich des Helgafell oder Kaplagjóta im Westen
bzw. Stóra-Klif, Litla-Klif und Ys-
ti-Klettur im Norden so scheu
sind, ist verständlich – gebraten
und kräftig gewürzt, gelten sie auf
der Insel als Delikatesse.

Von der Inselsüdspitze **Stórhöfði** sieht man gut die zahlreichen Nachbarinseln.

Mit Tourenanbietern wie **Viking Boat Tours** (Suðurgerði 4,
Tel. 488 4884, www.vikingtours.
is) kann man per Boot zu Felsvor-
sprüngen, Klippen und Höhlen
rund um Heimaey aufbrechen.
Ein Ausflugsziel ist z.B. die Höhle
Klettshellir mit toller Akustik.

*Unterwegs auf der Piste
zum Kverkfjöll*

Das Hochland

Nicht verpassen!

- Im Kerlingarfjöll spazieren gehen, wo Eis und Heiß in unmittelbarer Nachbarschaft liegen
- Im Thermalgebiet Hveravellir baden
- In der Hochlandwüste Sprengisandur die Weite und Stille genießen
- Das intensive Blau des tiefsten isländischen Sees, Öskjuvatn, bewundern
- Über die bizarren Formationen des Obsidianlavafeldes Lagahraun staunen

Zur Orientierung

Auf die Frage, ob es denn im zivilisierten Europa noch echte Abenteuer gibt, könnte eine Antwort lauten: Ja, in Islands einsamer Wildnis. Sie reicht vom Kaldidalur-Tal im Westen bis zum Naturschutzgebiet Lónsöræfi im Osten. Im Norden grenzt das Hochland an den Mývatn-See, im Süden begrenzen es die Gletscher Vatnajökull und Mýrdalsjökull. Schotter- und Lavaebenen, bizarrer Basalt, wuchtige Vulkankrater wie die Askja und das Eis der Gletscher sind die einzigen Begleiter hier im »Reich der Geächteten«, wohin das Oberste Gericht des Alþing oft Verbrecher verbannte, auf dass sie nur mit viel Glück überleben konnten.

Durch die Jahrhunderte waren die beiden Pisten Kjalvegur und Sprengsandsleið wichtige Nord-Süd-Verbindungen, auch die anderen Routen wurden als Reitwege genutzt. Doch das riesige, menschenleere Gebiet auf einer Höhe von rund 600 m war nicht nur unwirtlich, sondern aufgrund der Wetterumschwünge auch gefährlich. Zudem überfielen die Geächteten häufig die Reiter.

Gerade an nebelverhangenen Tagen hat diese Landschaft ihren besonderen Reiz. Die Farben der Pflanzenkissen leuchten umso intensiver, und die bizarren Lavaskulpturen scheinen an manchen Strecken zum Leben zu erwachen > Special S. 19.

⚠️ Das Hochland bietet für Wanderer, Mountainbiker oder Geländewagenfahrer spannende Herausforderungen. Es gibt keine Versorgungs- oder Tankstellen, und Mobiltelefone funktionieren nicht – dies muss bei Reisen in das Gebiet unbedingt beachtet werden!

Touren im Hochland

Die Nord-Süd-Pisten Kjölur und Sprengisandur

🚌⑱ **Reykjavík › Gullfoss › Kerlingarfjöll › Kjölur › Hveravellir › Blanda › Akureyri › Goðafoss › Sprengisandur › Nýidalur › Reykjavík**

Dauer: mindestens 2 Tage
Praktische Hinweise: Wer die Strecken selber fahren möchte, braucht für Sprengisandur einen Geländewagen und Erfahrung mit dem Furten von Flüssen. Beide Strecken befahren Busse von Ende Juni bis Ende August: Die Sprengisandur-Route an jedem zweiten Tag (So, Di, Do Landmannalaugar–Mývatn, in der Gegenrichtung Mo, Mi, Fr, 10 Std.), mit 20–45-minütigen Stopps in Hrauneyjar, Nyidalur, Aldeyjarfoss und Fossholl/Goðafoss;

die Kjölurstrecke (Reykjavík–Akureyri und umgekehrt, Fahrzeit 9 Std.) wird dagegen täglich bedient, mit jeweils 20–60 Minuten Pause bei Geysir, Gulfoss und Hveravellir. Infos: www.nat.is/travelguide eng/bus_stop_the_interior.htm

Beide Pisten, Kjölur wie Sprengisandur, garantieren unvergleichliche Naturerlebnisse, Weite und Stille. Die Tour führt an etlichen landschaftlichen Highlights vorbei. Von **Reykjavík** ❯ S. 45 kommend, passiert man zunächst die berühmtesten Sehenswürdigkeiten am **Goldenen Kreis** ❯ S. 54: *Geysir, **Strokkur und **Gullfoss.

Nur wenig nördlich des Gullfoss geht die Teerstraße dann in eine gute Schotterpiste über: Die **Kjölur-(Kjalvegur-)Route (Straße Nr. 35)**, die vom Gullfoss zwischen den Gletschern Langjökull und Hofsjökull ins Blöndudalur im Norden führt, ist sicher die am leichtesten zu befahrende Hochlandroute. Flussquerungen wurden durch moderne Holzbrücken entschärft, damit die schweren Baufahrzeuge zum inzwischen längst fertiggestellten Blöndulón-Damm und -kraftwerk gelangen konnten. Die verbesserte Trasse mindert die landschaftlichen Reize jedoch überhaupt nicht: Schroffe Täler und weite Schotterebenen, ewiges Eis und Vulkanfels, heiße Thermalquellen und Solfataren reihen sich entlang der 185 km langen Strecke.

Die Verbindung über die Kjölur-Hochebene ist als Inlandspassage schon seit der Zeit der Besiedlung Islands bekannt. Der alte Weg »Kjal« verläuft westlich der heutigen Straße (35).

Die Straße windet sich zunächst über den 610 m hohen Pass **Bláfellsháls,** von dort kann man einen tollen Blick in Richtung Süden genießen.

Auf der weiteren Fahrt erblickt man im Westen den Gletscher **Langjökull,** dessen Randgebiete sich immer wieder anders präsentieren. Weiter nordöstlich ragen die markanten Gipfel des Gebirges **Kerlingarfjöll** ❯ S. 131 und der Gletscher **Hofsjökull** auf. Vorbei geht es an dem Lavafeld Kjalhraun, an dessen Nordrand das Thermalgebiet **Hveravellir** ❯ S. 132 liegt; das Straßenschild zum Thermalgebiet, das man über einen abzweigenden, gut befahrbaren Schotterweg erreicht, ist

Unterwegs nach Hveravellir

nicht zu übersehen. In Richtung Norden bessert sich der Zustand der Piste immer mehr.

Man fährt durch das Moorland Auðkúluheiði mit dem großen Stausee **Blöndulón**. Die Nr. 35 endet dann am Kraftwerk **Blanda** 〉 S. 132, von dem es nicht mehr weit bis zur Straße Nr. 1 nach *Akureyri 〉 S. 85 ist, wo man übernachtet.

Der zweite Tag führt entlang dem Fluss Skjálfandafljót über die **Hochlandpiste Sprengisandur (F 26)** zurück in den Süden. Sie folgt weitgehend jenem Weg, den man einst zu Pferd von den Ostfjorden nach Þingvellir ritt. Erst 1933 befuhr erstmals ein Auto die 213 km lange, landschaftlich höchst reizvolle Strecke – doch seit damals sind auf ihr Überland-Linienbusse und Allradwagen ebenso unterwegs wie Mountainbiker und Motorradfahrer.

Im Nordosten markiert die Straße Nr. 842 durch das Bárðardalur ab *Goðafoss 〉 S. 89 den Beginn der anschließenden Piste F 26, die als eigentliche Sprengisandur-Route gilt. Die grauschwarze Hochlandwüste dominiert für rund 70 km den Weg – einen Abstecher lohnt das Thermalgebiet **Laugafell** 〉 S. 132 –, dann endlich taucht wie eine Oase im Nichts **Nýidalur** 〉 S. 133 auf, seit Jahrhunderten ein beliebter Rastplatz. In der Nachbarschaft liegen die Gletscher Hofsjökull und Tungnafellsjökull.

Der südliche Teil der Strecke ist bedeutend flussreicher. Bei Kilometer 147 muss eine Furt durch die Svartá bewältigt werden. Nach Passieren des **Hochlandzentrums Hrauneyjar** 〉 S. 134 und dem Verlassen der Piste F 26 bei dem Kraftwerk Búrfell geht es durch das grüne **Þjórsárdalur** zurück nach Reykjavík.

Der Öskuleið (F 88)

Mývatn 〉 **Ódáðahraun** 〉 **Herðubreiðarlindir** 〉 **Askja** 〉 **Kverkfjöll** 〉 **Mývatn**

Dauer: 2 Tage
Praktische Hinweise: Nehmen Sie ausreichend Lebensmittel mit und am besten ein Zelt, die Hütte Sigurðurskáli (Tel. 863 9236 oder Ferðafelag Flótsdalshérad Tel. 863 5813) könnte ausgebucht sein. Die Tour ist nur mit dem Geländewagen machbar. Tankstellen gibt es lediglich am Mývatn.

Die F 88 führt am Rand von Islands größtem zusammenhängendem Lavafeld vorbei– dem Ódáðahraun, auch bekannt als die »Wüste der Missetäter«. Hierher flüchteten im Mittelalter Gesetzlose, die beim Alþing für vogelfrei erklärt wurden. 5000 Jahre alte Lava, Sand und Palagonitberge prägen den Eindruck, schwarz, abweisend und trocken. Daher muss man stets mit heftigen Sand- und Staubstürmen rechnen. Doch für Wüstenfans ist dieses Gebiet ein Hit!

Die einst schwierig zu befahrende Piste F 88, eine Stichstraße, wurde in den vergangenen Jahren geebnet, es blieben jedoch einige

Tipps für Allradwagen-Fahrer

Noch immer müssen isländische Rettungskräfte ❯ S. 139 viele Autos aus den Gletscherflüssen im Hochland bergen – wie etwa im Rekordsommer 2003, als es für die Männer von ICE-SAR bis zu zwei Einsätze pro Woche gab. Das nämlich ist das größte Problem: So sehr manche Fahrer die Kraft des Wassers unterschätzen, so sehr überschätzen sie ihr eigenes Können. Zur Lebensgefahr gesellen sich hohe Kosten für die Rettung und Schäden am Wagen, die keine Versicherung übernimmt.

Nachdem die meisten Pisten so weit geebnet wurden, dass Schotter und Geröll nicht mehr die größten Hindernisse sind, bleiben vor allem die unberechenbaren Flüsse – Reifen werden in Sekunden unterspült, die Zündung fällt durch eindringendes Wasser aus.

Faustregeln: Morgens ist der Wasserstand in Gletschernähe am niedrigsten – gegen Mittag hin schwellen die Gewässer wegen des vermehrten Schmelzwassers an. Alle Furten sollte man, auch wenn man im Konvoi hindurchfährt, vor der Durchquerung gründlich durchwaten – und zwar gegen die Strömung. Vor allem in der Mitte der Flussläufe finden sich oft tiefe, ausgewaschene Rinnen. Ist die Strömung zu stark, sollten Sie sich anseilen. Blindes Vertrauen ist hier keinesfalls angebracht: Folgen Sie weder fremden Reifenspuren, die zu einer vermeintlichen Furt führen, ohne sie zu prüfen, noch anderen Autofahrern, die ohne Test mit Vollgas durchs Wasser rasen. Umsicht ist eine wichtige Tugend – ganz gewiss auch beim Fahren eines Allradwagens im Hochland.

Die Daten für die Öffnung der Pisten nach dem Winter (meist Anfang Juli bis Ende Aug.) legt das Isländische Straßenamt Vegagerðin fest (www.vegagerdin.is), erfragen kann man sie unter Tel. 522 1000.

sandige Stellen erhalten. Die Piste zweigt 33 km östlich vom Mývatn-Zentrum **Reykjahlíð** › S. 91 kurz vor der Brücke über den Jökulsá á Fjöllum von der Straße 1 ab.

Die F 88 führt an Islands größter Lavawüste vorbei, ein surrealer Traum in Grauschwarz, bis man zu der Oase **Herðubreiðarlindir** › S. 134 gelangt, in unmittelbarer Nähe zum schönsten Berg des Landes, **Herðubreið** › S. 134. Weiter geht es anschließend durch Sand und Bimsstein bis zur Caldera des berühmten Vulkans ****Askja** › S. 135 mit dem See Öskuvatn und dem Kratersee Víti.

Über den Gletscherfluss Jökulsá á Fjöllum geht es gen Osten an den Rand des *****Vatnajökull** › S. 114. Hier sind die Gletscherhöhlen im Gebirge Kverkfjöll das Ziel. In der großen Hütte Sigurðurskáli kann man übernachten, bevor man am nächsten Tag zum Mývatn zurückfährt.

Fjallabaksleið nyrðir (F 208) und Landmannaleið (F 225)

🚌⟨20⟩ **Kirkjubæjarklaustur** ›
Eldgjá › **Landmannalaugar** ›
Hekla › **Reykjavík**

Dauer: 1 Tag
Praktischer Hinweis: Aufgrund der zahlreichen Flüsse in dieser Region gibt es entsprechend viele Furten, die aber gut zu passieren sind. Tagesausflüge nur nach Landmannalaugar von Reykjavík aus sind mit dem normalen Pkw machbar, ansonsten braucht man auf jeden Fall einen Geländewagen. Die Verbindung Skaftafell–Reykjavík bzw. umgekehrt wird vom 15.6.–1.9. täglich per Bus bedient (11 Std.), mit zwei Stunden Halt in Landmannalaugar und einem 45-minütigen Stopp an der Eldgjá (Info: www.nat.is/travelguideeng/bus_stop_fjallabak.htm).

Etwa 20 km westlich von **Kirkjubæjarklaustur** › S. 115 zweigt die F 209/F 208 nach Norden ab, eine rund 80 km lange, schon seit Jahrhunderten bedeutende Ost-West-Verbindung, die stellenweise auf 1000 m Höhe hinaufführt. Sie ist eine der landschaftlich schönsten Strecken Islands und sehr abwechslungsreich mit vielen grünen Gebieten, mit Wasserfällen und Flüssen, ausgedehnten Hochweiden, engen Schluchten und bemoosten Lavazungen.

Etwa auf der Hälfte der Strecke erreicht man die Vulkanspalte ***Eldgjá** › S. 136. Weiter geht es zu den größten Rhyolithbergen des Landes in ****Landmannalaugar** › S. 136, einem 400 km² großen Gebiet mit tollen Farbspielen und warmen Quellen, die zum entspannenden Bad einladen.

Am Ende der Strecke fährt man durch das Lavafeld Sölvahraun nördlich des Vulkans Hekla. Spalten und Krater, bedeckt von schwarzer Asche, durchziehen das Feld. Bei **Hella** › S. 117 trifft man dann wieder auf die Ringstraße.

Unterwegs im Hochland

**Kjölur-Route

Hagavatn 26 und Hvítárvatn 27

Wenige Kilometer nach Beginn der Piste am Gullfoss zweigt ein nur für Jeepfahrer geeigneter Track zu dem kleinen, tiefblauen Gletschersee **Hagavatn** ab. Im See, in dem drei Forellenarten leben, spiegelt sich an windstillen Tagen die zerfurchte, eisige Ostzunge des Langjökull. Auch den Track zum **Hvítárvatn,** der hinter dem Bláfellsháls-Pass abzweigt, sollten nur Jeeps befahren, denn zweimal ist die tiefe Svartá zu furten. Noch vor wenigen Jahren trieben Eisberge auf dem 30 km² großen Gletschersee; durch die globale Erwärmung sind diese jedoch geschmolzen.

Hütten

■ **Hagavatn**
Am Ostufer des Hagavatn
Tel. 568 2533][www.fi.is
12 Plätze ohne Küche und Heizung. ●

■ **Hvítárnes**
ca. 8 km südöstl. des Hvítárvatn
Tel. 568 2533][www.fi.is
30 Plätze, ohne Küche und Heizung, aber sehr schön gelegen. ●

■ **Þjófadalir**
Tel. 568 2533][www.fi.is
12 sehr einfache Plätze für Wanderer am Gletscherrand des Langjökull. ●

Kerlingarfjöll 28

Das beeindruckende Gebirgsmassiv erstreckt sich vom südöstlichen Teil des Kjölur bis an den südlichen Gletscherrand des Hofsjökull. Die höchsten Rhyolithgipfel in diesem zum Teil ver-

Das Kerlingarfjöll darf man durchaus als Outdoor-Paradies bezeichnen

gletscherten Gebirge sind Snækollur (1477 m), Loðmundur
(1432 m) und Mænir (1335 m).

 In den Tälern des farbenpräch-
tigen Gebirges gibt es **zahlreiche
heiße Quellen und Solfataren,**
einige in direkter Nachbarschaft
zum Eis. Das reizvolle und vielsei-
tige Wandergebiet durchziehen
markierte Wege, auch für mehrtägige Touren.

Kerlingarfjöll Outdoorzentrum
Tel. 664 7878][www.kerlingarfjoll.is
Hübsch an einem Hang, im Sommer
bewirtschaftet, Hütten mit Heizung,
Zeltplatz auf flacher Wiese. ●—●●

Beinahóll 29

Von der Piste weist ein Schild in
Richtung Osten zum Hügel Bei-
nahóll, dem »Gebeinshügel«, der
daran erinnert, dass hier im Oktober 1780 fünf Schafzüchter mit-
samt den Packpferden und der
ganzen Herde bei einem Schnee-
sturm erfroren.

**Hveravellir 30

Aus dem *Öskuhólt* (Donnerkegel)
zischt der Dampf, überall blubbert es; in den *Bláhver,* das wohl
schönste »Blauwasserbecken« Islands mit 8 m Durchmesser,
möchte man sich hineinlegen –
doch Vorsicht, das Wasser ist
90 °C heiß! Kieselmineralien
schufen auch an anderen Bassins
mit Namen wie *Grænihver* (Grünes Becken) oder *Meyrarauga*
(Mädchenauge) bunte Ablagerun-
gen. Der Ferðafélag Íslands › S. 20,
der am Thermalgebiet auch eine

Berghütte mit Campingplatz be-
treibt, hat eine der heißen Quellen
in ein bewegliches Rohr gefasst,
so dass man stundenlang in den
warmen Sitzbecken entspannen
kann (Eintritt für Hausgäste frei,
sonst 600 ISK). Vorbei an zischenden Solfataren führt ein Holzsteg
zu einem Torfhaus. Etwa 1 km
südlich der Hütte liegt ein hoher
Lavahügel, in dessen Spalten Geröll geschichtet wurde, den man
als *Eyvindarrétt* (Schafspferch des
Eyvindur) kennt.

Hveravellir
Tel. 854 1293][www.hveravellir.is
Zwei Gästehäuser mit Platz für
55 Leute, große Küche, Zeltplatz, Toilet-
ten und Waschbecken sehr nahe. ●

Blanda 31

Hinter der Ebene Auvkúlheiði nähert man sich dem Blanda-Was-
serkraftwerk (Blöndustöð), das
1984–1988 an der Nordwestseite
des heutigen 57 km² großen Stausees Blöndulón erbaut wurde und,
wegen der an- und abfahrenden
Mitarbeiter, eine Menge Verkehr
auf den letzten knapp 10 km bis
zur Ringstraße mit sich bringt.

Sprengisandur-
Piste (F 26)

Laugafell 32

Eines der Highlights an der
Sprengisandur-Piste ist dieses
892 m hoch gelegene Thermalgebiet. In die heißen Quellen mit
einer Wassertemperatur von über

40 °C taucht man vor allem dann gern ein, wenn man morgens aufwacht und sich vor dem Zelt mitten im Hochsommer eine Winterlandschaft ausbreitet … Das Badebecken soll von Þorunn Jónsdóttir angelegt worden sein, der Tochter des letzten katholischen Bischofs von Island, Jón Arason. Während einer Pestepidemie im 15. Jh. glaubte sie sich mit ihrer Familie hier sicher vor dem Schwarzen Tod.

Hütten

Unbewirtschaftete Hütten (Juni/Aug. Tel. 854 9302) mit Campingplatz am Laugafell. Buchung: **Touring Club of Akureyri,** Tel. 462 2720, www.ffa.is

Fjóðungssalda 🔢 und Nýidalur 🔢

Über die weite, kahle Ebene der Kies- und Schotterwüste Sprengisandur sieht man an nebelfreien Tagen im Osten zum Vatnajökull,

dessen Eiskappe im milchigen Himmel zu verschwinden scheint, aber auch zum kleineren Gletscher Tungnafellsjökull und im Westen des Eismassiv des Hofsjökull. Am fast 1000 m hohen Schildvulkan **Fjóðungssalda** nahe Kilometer 81 befindet sich die geografische Mitte Islands.

Nächstes Ziel sind die Hütten im Hochtal **Nýidalur**, das nach der Wüste wohltuend grün ist. In den Hütten gibt es ein Faltblatt über die verschiedenen Wandermöglichkeiten in der Region, für die auch der Name Jokuldalur – Gletschertal – gebräuchlich ist.

Hütten

Nýidalur
Tel. 568 2533][www.fi.is
Zwei bewirtschaftete Hütten mit insgesamt 120 einfachen Lagern, daneben ein Zeltplatz. Unbedingt vorausbuchen, da die Hütten oft von Gruppen belegt sind! ●

Mit Superjeeps unterwegs auf der Sprengisandur-Piste

Hochlandzentrum Hrauneyjar 35

Das Hochlandzentrum fungiert als Versorgungsstelle im Hochland mit Gaststätte (●●), Zimmern aller Preisklassen, auch Schlafsackunterkunft, und Tankstelle. Es ist ein guter Ausgangsort für Ausflüge und zudem werden hier Angellizenzen verkauft.

Info

Hochlandzentrum Hrauneyjar
Tel. 487 7782][Fax 487 7781
www.hrauneyjar.is

Öskuleið (Askja-Piste, F 88)

Herðubreiðarlindir und **Herðubreið 36

In der Oase Herðubreiðarlindir, mitten in der Lavawüste **Ódáðarhraun,** machen Bäche zarten Pflanzenwuchs möglich. Mitte Juni nisten hier Kleine Riedgänse. Im Hintergrund ragt der 1682 m hohe Vulkan **Herðubreið** (Breitschulter) auf. Erst der Geologe Hans Reck bezwang 1908 gemein-

Held im Hochland

Mit einigem Respekt denken die meisten Isländer an Eyvindur Jónsson – was sicherlich an der romantisch verklärenden Dichtung von Jóhann Sigurjónsson liegt, der mit seinem 1912 veröffentlichten Drama dazu beigetragben haben mag, dass sich um den später Fjalla-Eyvindur genannten Outlaw zahlreiche Legenden ranken. So soll der 36-Jährige in der Lage gewesen sein, Arme und Beine zu Rädern zu formen; somit kam er enorm schnell voran. Seine Frau Halla soll mit Elfen und Geistern in Kontakt gestanden haben, die das Paar im Hochland mit Lebensmitteln versorgten, und zwar in einer Höhle, deren Dach ein Pferdegerippe bildete.

Es heißt, Eyvindur habe als Junge einer alten Landstreicherin Käse gestohlen, die ihn daraufhin mit einem Fluch belegte. Nie mehr sollte er aufhören können zu stehlen – was Eyvindur in der Tat in größte Schwierigkeiten brachte. Fakt ist: Wer vom Obersten Gericht in die Verbannung geschickt wurde, durfte während dieser Jahre und Monate von jedermann legal getötet werden – und wurde erst nach Ablauf der Strafe rehabilitiert. Und so mussten sich der wegen Diebstahls verurteilte Eyvindur Jónsson aus Arnes an den Westfjorden und seine Frau Halla 1760 eiligst in eine einsame Gegend aufmachen. Das Paar versteckte sich zunächst an den Westfjorden, kam dann aber nach Hveravellir und schaffte es, knappe 20 Jahre in der Wildnis zu überleben. Sie ernährten sich von Schneehühnern oder Schafsfleisch, das sie in den heißen Quellen garten. Gemeinsam mit anderen Geächteten überfielen sie Reisende und raubten ihnen vor allem Kleidung, Felle und andere Gebrauchsgegenstände. Angeblich sind die beiden Outlaws nie gefasst worden. Das Paar soll glücklich miteinander alt geworden sein. Eyvindur starb 69-jährig im Jahr 1783.

sam mit dem Isländer Sigurður Sumarliðason den schroffen, schneebedeckten Gipfel des Tafelbergs. Der Aufstieg dauert ca. vier Stunden, der steile Basaltrand ist problematisch, doch der **Ausblick auf das Hochland** ist grandios.

Ein kleiner Steinhaufen in der Nähe der Berghütte erinnert an den Geächteten Fjalla-Eyvindur › Exkurs links, der sich hier im Winter 1774/1775 unter unvorstellbar harten Bedingungen in einem kaum geschützten Erdloch vor seinen Verfolgern versteckte. Es grenzt an ein Wunder, dass ein Mensch ohne Ausrüstung und Feuer in der Wildnis überlebte.

Hütte

Þorsteinsskáli

Tel. 462 2720][**www.ffa.is**
Hütte mit 30 Schlafplätzen und warmer Dusche sowie Zeltplatz, Mitte Juni bis Ende Aug./Anfang Sept. bewirtschaftet. ●

Askja 37

Durch rostbraune Lavafelder erreicht die F 88 den gewaltigen Einbruchkrater der Askja. Dieser Vulkan, Teil des ca. 4500 Jahre alten Dyngjufjöll-Massivs, war zum letzten Mal 1961 aktiv; bei dem Ausbruch wurden 11 km^2 Fläche von Lava bedeckt. Die Askja (»Schachtel«)-Caldera nimmt eine Fläche von 45 km^2 ein.

Durch eine gewaltige Explosion wurde 1875 der **Víti-Krater** geboren. Das Wasser wird von heißen Quellen gewärmt und lädt zum Baden ein. Der Abstieg zum Kratersee ist allerdings steil und rutschig. In Folge dieser Eruption senkte sich der Boden in der Caldera weiter ab, füllte sich mit Wasser und bildete so den 220 m tiefen, marineblauen **Öskjuvatn**. Am 10. Juli 1907 kamen der deutsche Geologe Walther von Knebel und sein Freund, der Maler Max Rudloff, bei der Erfor-

Den Ring des Víti-Kraters füllt der Öskjuvatn, der tiefste See Islands

135

schung des Vulkans ums Leben. Ihre Leichen wurden nie gefunden. Am Nordostufer des Sees kann man entlanglaufen.

Hütte

Dreki-Hütte

an der Kreuzung der Pisten F 88, F 894 und F 910
Tel. 462 2720][www.ffa.is
Einfacher Zeltplatz und 2 Hütten, die zusammen 60 Schlafplätze bieten. ●

Kverkfjöll 38

Aktiv war das bis zu 1920 m hohe Vulkanmassiv am Nordrand des Vatnajökull zuletzt anno 1729, nun ist die Caldera mit Eis gefüllt. Nach Norden dringt der Gletscher

Die beeindruckendsten Naturphänomene

■ Die Allmännerschlucht, **Almannagjá**, ist die Nahtstelle zwischen europäischer und amerikanischer Kontinentalplatte. › S. 54
■ Den bizarren Basaltfels **Hvítserkur** vor der Halbinsel Vatnsnes bewohnen zahllose Vögel. › S. 100
■ Die **Lakagígar** bilden eine einzigartige Lavalandschaft in faszinierenden Farbtönen. › S. 114
■ Die Wüste **Ódáðahraun** aus Lava, Sand und Palagonitbergen ist ein spezielles Erlebnis. › S. 128
■ Im **Kerlingarfjöll** stößt man auf heiße Quellen und Solfatare neben großen Schneefeldern. › S. 131
■ Der Obsidianstrom **Laugahraun** gleicht, wenn man ihn durchwandert, einem märchenhaften Labyrinth. › S. 137

Kverkjökull vor und im Westen lbilden die Quellen des großes geothermischen Gebiets Hveradalur Gletscherhöhlen und -tunnel, die nicht zugänglich sind.

Hütte

Sigurðurskáli

Tel. 863 9236 oder Ferðafelag Flótsdalshérad Tel. 863 5813
Hütte mit 82 Plätzen, Zeltplatz in der Nähe. ●

Fjallabaksleið-nyrðir (F 208) und Landmannaleið (F 225)

*Eldgjá 39

Die mit einer Länge von 70 km die Welt entstand bei einem Ausbruch 934. Einen guten Eindruck von ihrer Ausdehnung erhält man auf dem Berg Herðubreiðarháls (769 m). Hier verläuft auch eine 5 km lange, bis zu 600 m breite und 200 m tiefe Schlucht.

Am **Ófærufoss** vermutete man noch lange nach der Entdeckung der Eldgjá 1893 den Eingang ins Totenreich: Hier hatte das Wasser eine gespenstisch wirkende Brücke aus dem Basalt gewaschen.

12 **Landmanna-laugar 40

Das größte und einzigartige Rhyolithgebiet Islands besticht mit seinem Farbenreichtum: Von Rostrot bis Ockergelb reichen die Nuancen, dazwischen tiefschwarze Lavaströme, dazu bizarre Fels-

Rhyolithgestein prägt das Gebiet um die Quellen von Landmannalaugar

formationen, die wie versteinerte Menschen wirken. Das Obsidianfeld ****Laugahraun** gleicht mit seinen bis zu 40 m hohen Lavaskulpturen einem Labyrinth. Am Rande des Lavastroms Laugahraun aus dem 15. Jh. dampfen Thermalquellen. Weil hier schon vor Jahrhunderten die Schafhirten aus dem Bezirk »Land« heiße Bäder genossen, gab man der beeindruckenden Landschaft im Zentrum des Naturschutzgebiets Fjallabak den Namen »Warme Quellen der Leute aus Land«.

Von der Piste F 208 führt südlich des Sees Frostastaðavatn eine Abzweigung zu den heißen Quellen. Daneben liegt der Campingplatz (s. rechts). Der 912 m hohe Aussichtsberg **Suðurnámur** (Aufstieg ca. 1,5 Std.) bietet einen grandiosen Überblick über die Gegend: im Norden die idyllische Frostastaðavatn und das Maar Ljótipollur mit seinem Kratersee, im Nordosten die Wasserfläche der gestauten Tungnaá.

Unterkünfte

■ **Hólaskól-Hütte**
an der F 208][**Nähe Eldgjá**
Tel. 487 4840][**skaftarhr@skima.is**
Große Unterkunft mit Duschen und WCs, Campingplatz angeschlossen. ●
■ *Camping Landmannahellir*
Tel. 893 8407
www.landmannahellir.is
Im Westen des Naturschutzgebiets, Unterkunft in Schaftreiberhütte möglich, am Campingplatz Duschen und WCs. Gute Wandermöglichkeiten.
■ *Camping Landmannalaugar*
Tel. 854 1192][**www.fi.is**
Großer Platz mit Duschen, in der Hochsaison vorab reservieren! Verpflegung über das Café Fjallafang, Tel. 853 7828, nur im Sommer (●).

Infos von A–Z

Behinderte
Fähren, Fluglinien und die meisten größeren Hotels in Akureyri und Reykjavík sind auf Menschen mit Handicaps eingestellt. Auf dem Land sind Behinderte auf Begleitpersonen angewiesen.
■ **Sjálfsbjórg,** Hátuni 12, 105 Reykjavík, Tel. 550 0360, Fax 550 0369, www.sjalfsbjorg.is. Der isländische Behindertenverband bietet auch einige behindertengerecht ausgestattete Gästezimmer in Reykjavík an.

Diplomatische Vertretungen
■ **Deutsche Botschaft,** Laufásvegur 31, 101 Reykjavík, Tel. 530 1100, Notfall-Tel. 663 7800 Fax 530 1101, www.reykjavik.diplo.de
■ **Honorargeneralkonsulat Österreich,** Orrahólar 5, 111 Reykjavík, Tel. 557 5464, arni-siemsen@simnet.is, Zuständige Botschaft in Kopenhagen, Tel. 00 45/39 29 41 41, kopenhagen-ob@bmeia.gv.at.
■ **Konsularagentur Schweiz,** Laugavegur 13, 101 Reykjavík, Tel. 551 7172, Fax 551 7179. Zuständige Botschaft in Oslo, Tel. 00 47/22 54 23 90, www.eda.admin.ch/oslo.

Einreise/Ausreise
Deutsche, Österreicher und Schweizer brauchen für die Einreise einen gültigen Personalausweis oder Reisepass. Haustiere dürfen nicht mitgenommen werden.
Wer ein Kraftfahrzeug für maximal einen Monat einführt, benötigt die nationalen Zulassungspapiere, den nationalen Führerschein und die grüne Versicherungskarte. Wer die Versicherungskarte nicht vorweisen kann, muss in Island eine Haftpflichtversicherung abschließen.

Elektrizität
Netzspannung 220 V/50 Hz. Allerdings passen nicht alle mitteleuropäischen Stecker in die isländischen Steckdosen, weshalb man sicherheitshalber einen Adapter mitnehmen sollte.

Feiertage
Neujahr, Gründonnerstag, Karfreitag, Ostersonntag und -montag, erster Sommertag (3. Donnerstag im April), 1. Mai, Christi Himmelfahrt, Pfingstsonntag und -montag, 17. Juni (Nationalfeiertag), Handels- und Bankenfeiertag (1. Montag im Aug.), 24. Dezember ab Mittag, 25. und 26. Dezember, 31. Dezember ab Mittag.

Geld
Die isländische Króna (ISK) teilt sich in Münzen zu 100, 50, 10, 5 und 1 Kronen auf, ferner in Banknoten zu 500, 1000, 2000 und 5000 Kronen.
Reiseschecks und Kreditkarten, insbesondere Visa- und Mastercard, sind sehr verbreitet, auf dem Land muss man in manchen Unterkünften jedoch bar zahlen.
Beschränkungen für die Ein- und Ausfuhr von Devisen gibt es nicht. Beim Bargeldtausch bei Banken auf Island ist der Wechselkurs günstiger als im Heimatland. Mit einer Bankkarte erhält man Bargeld aus Geldautomaten mit entsprechendem Logo.
Die günstigste Bezahlweise ist per Kreditkarte, da man immer den Briefkurs erhält.
In den letzten Monaten gab es aufgrund der globalen Finanzkrise erhebliche Kursschwankungen der Krone, deshalb sollte man vor einer geplanten Reise die aktuelle Kursentwicklung beobachten.

Information

Für Deutschland, Österreich und die Schweiz zuständig:

■ **Isländisches Fremdenverkehrsamt**, City Center, Frankfurter Str. 181, 63263 Neu-Isenburg,
Tel. 0 61 02/25 44 84, Fax 25 45 70, info@icetourist.de, www.icetourist.de.

Krankenversicherung

Prüfen Sie vor der Abreise, ob Ihre Krankenversicherung Behandlungskosten in Island übernimmt und besorgen Sie ggf. die Europäische Krankenversicherungskarte. Angesichts der Eigenbeteiligungen, die in Island verlangt werden, ist der Abschluss einer Auslandskrankenversicherung, die auch einen Rücktransport abdeckt, immer sinnvoll.

Medizinische Versorgung

Das Netz von Krankenhäusern, medizinischen Zentren oder praktischen Ärzten (z.T. deutschsprachig) ist dicht. Bei ernsthafter akuter Erkrankung erreicht man den Notarzt unter der Notrufnummer Tel. 112. Von speziellen Medikamenten (z.B. Insulin) sollte man ausreichend Vorräte mitnehmen.

Mehrwertsteuerrückerstattung

Mit Iceland Refund (der kleineren Organisation) und Global Refund kooperieren viele isländische Geschäfte. Für bestimmte dort gekaufte Waren mit einem Mindestwert von 4000 ISK pro Kassenbon lassen Sie sich einen Coupon geben und ihn bei der Ausreise vom Zoll abstempeln. Damit können Sie sich an entsprechenden Schaltern am Flughafen Keflavík oder auf der Fähre bis zu 19% des Kaufpreises erstatten lassen. Sie können den Betrag auch Ihrer Kreditkarte gutschreiben lassen, das dauert in der Regel drei bis vier Wochen. Über Einzelheiten informieren die

teilnehmenden Geschäfte und www.icelandrefund.com bzw. www.global refund.com.

Notruf

■ **Feuerwehr/Krankenwagen/ Polizei,** Tel. 112.
■ **Berg- und Seenotrettungsdienste ICE-SAR,** Tel. 570 5900.

Öffnungszeiten

■ **Banken:** Generell Mo–Fr 9.15 bis 16 Uhr.
■ **Läden:** Üblicherweise Mo–Fr 9–18, Sa 10–16 Uhr, manche Souvenirshops auch So. Einige Supermärkte haben tgl. bis 24 Uhr geöffnet.
■ **Postämter:** Bis auf wenige Ausnahmen Mo–Fr 9–16.30 Uhr.
■ **Tankstellen** und **Kioske** auf dem Land sind zumeist tgl. 7.30–23 Uhr geöffnet, manchmal aber auch erst ab 9 Uhr morgens.

Rauchverbot

Das Rauchen ist in allen öffentlichen Gebäuden, in Restaurants, Bars, Diskotheken und Cafés verboten.

Sicherheit

Ein wenig Vorsicht vor Taschendieben ist angebracht, wenn man sich ins Nachtleben von Reykjavík stürzt. Ansonsten ist Island eines der sichersten Reiseländer der Welt.

Urlaubskasse	
Tasse Kaffee	2 €
Softdrink	2 €
Glas Bier	3 €
Burger mit Pommes Frites	6 €
Softeis	2 €
Taxifahrt (pro km)	0,90 €
Mietwagen/Tag	ab 60 €
1 l Superbenzin	0,90 €

Telefon/Handy/Internet

Innerhalb Islands sind die siebenstelligen Rufnummern komplett zu wählen, Ortsvorwahl-Nummern gibt es nicht. Gespräche von öffentlichen Telefonzellen (mit Münzen- oder Telefonkarten, die z.B. bei Postämtern oder an Kiosken verkauft werden) sind erheblich günstiger als Gespräche vom Hotel aus.

Drei GSM-Betreiber bieten in bewohnten Gebieten eine relativ gute, aber nicht lückenlose Abdeckung im GSM 900 und GSM 1800 Standard für Dualbandhandys. Fragen Sie Ihren Netzbetreiber im Heimatland nach den Roamingbedingungen und -kosten; eine Prepaid-Karte isländischer Mobilfunkgesellschaften kann billiger sein.

Internationale Vorwahlen

■ **Island**: 00 354, dann die siebenstellige Teilnehmernummer,

■ **Deutschland**: 00 49,

■ **Österreich**: 00 43,

■ **Schweiz**: 00 41.

Internetcafés sind in ganz Island verbreitet. Internetzugang bieten zudem auch sehr viele Tourist-Informationen, Tankstellen oder Hotels sowie Jugendherbergen.

Trinkgeld

In den Restaurant- und Getränkerechnungen sind Trinkgelder schon enthalten. Ein Trinkgeld wird auch nicht erwartet.

Verkehrsregeln

Nur markierte Straßen und Pisten dürfen befahren werden. In Island gilt Gurtpflicht, für Motorradfahrer Helmpflicht und eine Promillegrenze von null, das Abblendlicht muss auch tagsüber eingeschaltet sein. Die Tempolimits liegen auf Asphaltstraßen (Ringstraße und Ortsdurchfahrten) bei 90 km/h, auf Schotterstraßen bei 80 km/h, in Siedlungen bei 50 km/h, aber es ist grundsätzlich angeraten,

langsam zu fahren. Ein besonderes Augenmerk sollte frei laufenden Tieren gelten, v.a. Schafen.

Sonstige Verkehrsregeln und -schilder entsprechen denen in Mitteleuropa. Warnschilder sind immer zu beachten. Die Polizei führt regelmäßig, besonders im Sommer, Kontrollen durch. Die Bußgelder bei Verstößen z.B. gegen das Tempolimit, sind hoch.

Zeit

Das ganze Jahr über gilt in Island die UTC (Universal Time Coordinated, ehemals GMT), es ist also eine Stunde früher als in Mitteleuropa. Sommer- oder Winterzeitumstellung gibt es nicht.

Zollbestimmungen

Eingeführt werden dürfen maximal: 1 l Spirituosen bis 47 Vol.-% Alkohol, 1 l Wein oder 1 l Spirituosen bis 21 Vol.-% oder 6 l ausländisches bzw. 8 l isländisches Bier (nur Reisende über 20 Jahre), ferner 200 Zigaretten oder 250 g andere Tabakwaren, konservierte Lebensmittel bis zu 3 kg pro Person. Treibstoff darf sich nur im festen Tank des Pkw befinden, also z.B. nicht in Kanistern.

Angel- und Reitgerät muss fabrikneu bzw. nachweislich desinfiziert worden sein, ansonsten ist eine kostenpflichtige Desinfektion an der Zollstation fällig.

Reisende über 15 Jahren dürfen abgabenfrei ins Heimatland mitnehmen: 200 Zigaretten, 50 Zigarren oder 250 g Tabak, 1 l Spirituosen mit über 22 Vol.-% Alkohol oder 2 l Spirituosen unter 22 Vol.-% Alkohol (Schweiz: jeweils 15 Vol.-%), 4 l Wein und 16 l Bier, 50 g Parfüms und 0,25 l Eau de Toilette, andere Waren bis zu einem Wert von maximal 430 € (Personen unter 15 Jahren 175 €) bzw. 300 CHF. Bei Treibstoff gilt: Der Tank des Fahrzeugs darf voll sein, zusätzlich ist ein 10 l fassender Reservekanister erlaubt.

Register

141

Bildnachweis

Alamy/Ramy Aapasuo: 19; Alamy/Arctic Images: 18, 53, 105; Alamy/Richard Cummins: 78; Alamy/Robert Harding Picture Library Ltd.: 101; Alamy/imagebroker: U2-Top12-10; Alamy/Nordic Photos: 69; Alamy/fan travelstock: 127; arctic-images.com/Ragnar Th.Sigurdson: 122, 133; Bildagentur Huber/S. Damm: 6; Bildagentur Huber/L. Gaudenzio: 63; Bildagentur Huber/Giovanni: 5; Bildagentur Huber/G. Simeone: 38; Dietmar Fiebig: 98; Andreas J. Focke: 13, 17, 20, 33, 54, 58, 72, 94, 95, 99, 120; Fotodesign Stadler: U2-Top12-05, 30, 45, 49, 57, 85, 114, 116, 117, 135, 137; Fotolia.com/Nicolas Berthy: U2-Top12-08; Fotolia.com/csld: U2-Top12-12; Fotolia.com/Patricia Hofmeester: 2-2, 121; Fotolia.com/leksele: U2-Top12-06; Fotolia.com/Vojtech Soukup: 22; Pall Gislason/www.kerlingarfjoll.is: 131; Iceland Tourist Board: U2-Top12-02, U2-Top12-07; Iceland Tourist Board/Randall Hyman: 8, 11, 51, 62; Iceland Tourist Board/Dieter Schweizer: 71; Isländisches Fremdenverkehrsamt Neu-Isenburg: 123; Volkmar Janicke: 61, 89, 91; Javdbodin.is: 93; laif/arcticphoto: U2-Top12-09; laif/Galli: U2-Top12-01, 1, 80; laif/Gebhard: 2, 24, 77, 125; laif/Heeb: U2-Top12-03; laif/Hemis: U2-Top12-04; laif/Hoa-Qui/Eric Chretien: U2-Top12-11; laif/Andreas Hub: 106; laif/Linkel: 129; LOOK-foto/N. Eisele-Hein: 40; LOOK-foto/travelstock44.de: 108; Pixelio/Janusz Klosowski: 2-1; Ranga Hotel: 92

www.polyglott.de

Polyglott im Internet: www.polyglott.de

Impressum

Wir freuen uns, dass Sie sich für einen Reiseführer aus dem Polyglott-Programm entschieden haben. Auch wenn alle Informationen aus zuverlässigen Quellen stammen und sorgfältig geprüft sind, lassen sich Fehler nie ganz ausschließen. Wir bitten um Verständnis, dass der Verlag dafür keine Haftung übernehmen kann. Ihre Hinweise und Anregungen sind uns wichtig und helfen uns, die Reiseführer ständig weiter zu verbessern. Bitte schreiben Sie uns:
Polyglott Verlag, Redaktion, Postfach 40 11 20, 80711 München, redaktion@polygott.de

Wir wünschen Ihnen eine gelungene Reise!

Herausgeber: Polyglott-Redaktion
Autoren: Wolfgang Veit, Johannes M. Ehmanns und Sabine Barth
Neukonzeption: Johannes M. Ehmanns und Sabine Barth
Redaktion: Sylvi Zähle
Bildredaktion: Polyglott, Ulrich Reißer
Layout: Ute Weber, Geretsried
Titeldesign-Konzept: Studio Schübel Werbeagentur GmbH, München
Karten und Pläne: Polyglott Kartografie
Kartografische Bearbeitung: Kartographie Huber
Satz: Schulz Bild & Text, Hamburg
Druck: Himmer AG, Augsburg
Bindung: »Butterfly«-Bindeverfahren zum Patent angemeldet durch
Kolibri Industrielle Buchbinderei GmbH 2008

Langenscheidt Mini-Dolmetscher Isländisch

Allgemeines

Guten Morgen.	Góðan daginn. [gouðann **dai**jenn]
Guten Tag.	Góðan dag. [gouðann **dach**]
Guten Abend.	Gott kvöld. [gohht **kwölt**]
Hallo!	Halló! [**hallou**]
Wie geht's?	Hvað segir þú gott? [kwa ßejje‿θu **gohht**]
Danke, gut.	Allt fínt, þakka þér fyrir. [**ahhlt**‿fihnnt, θahhka‿θjär **fehr**rehr]
Ich heiße ...	Ég heiti ... [jäa‿**hej**deh]
Auf Wiedersehen.	Bless. [**bläss**]
Morgen	morgun [**morr**günn]
Nachmittag	eftir hádegi [**äf**dehr **hau**dejjeh]
Abend	kvöld [**kwölt**]
Nacht	nótt [**nouhht**]
morgen	á morgun [au **morr**günn]
heute	í dag [i‿**dah**]
gestern	í gær [i‿**gjair**]
Sprechen Sie Deutsch / Englisch?	Talar þú þýsku / ensku? [**talar**‿θu **θihs**kü / **ens**kü]
Wie bitte?	Ha? [**hah**]
Ich verstehe nicht.	Ég skil ekki. [jäa **skehl**‿ähhgjeh]
Sagen Sie es bitte nochmals.	Viltu endurtaka það sem þú sagðir. [**wehh**ldü **än**dürtahga θa‿ßäm θu **ßag**ðehr]
Ja, bitte.	Já, takk. [jau **tahhk**]
Ja, bitte.	Takk. [**tahhk**]
Danke.	Ekkert að þakka. [**ähh**gjärt‿a **θahh**ka]
Keine Ursache.	
was / wer / welcher	hvað / hver / hver [kwað / kwär / kwär]
wo / wohin	hvar / hvert [kwar / kwärt]
wie / wie viel	hvernig / hve mikið [**kwärd**neh / kwä **mehk**ehð]
wann / wie lange	hvenær / hve lengi [**kwä**nair / kwä **lejn**gjeh]
Wie heißt das?	Hvað er þetta kallað? [**kwað**‿er‿θ**ähh**ta **kad**lað]
Wo ist ...?	Hvar er ...? [**kwar**‿är]
Können Sie mir helfen?	Gætir þú hjálpað mér? [**gjaid**eer‿θu **hjaul**baõ‿**mjär**]
ja	já [**jau**]
nein	nei [**nej**]
Entschuldigen Sie.	Afsakið. [**af**ßakjehð]
Das macht nichts.	Allt í lagi. [**ahhlt**‿i‿**lai**jeh]

Sightseeing

Gibt es hier eine Touristeninformation?	Er hér til uppl´ysingamiðstöð fyrir ferðamenn? [**är**‿hjär **tehl** ühhblihßinga‐**mehð**·stöað fehrehr **fär**ðamänn]
Haben Sie einen Stadtplan / ein Hotelverzeichnis / ein Verzeichnis der Unterkünfte auf dem Bauernhof?	Er til kort af bænum / listi yfir hótel / listi yfir bændagistingu? [**är**‿tehl korrt aw **bai**num / lehßdeh ehwehr houtäl / lehßdeh ehwehr **bain**dagehstingü]
Wann ist das Museum geöffnet / geschlossen?	Hvenær er safnið opið / lokað? [**kwä**nair‿är ßabnehð oabehð / **loag**að]
Wann ist die Kirche / Ausstellung geöffnet / geschlossen?	Hvenær er kirkjan / sýningin opin / lokuð? [**kwä**nair‿är **kehr**gjan / ßihningehn oabehn / **loag**üð]

Shopping

Wo gibt es ...?	Hvar fæst ...? [kwar‿**faist**]
Wie viel kostet das?	Hvað kostar þetta? [**kwað** koßðar **θähh**ta]
Das ist zu teuer.	Það er of dýrt. [**θað**‿är of **dihrrt**]
Das gefällt mir (nicht).	Mér finnst þetta (ekki) flott. [mjä‿**fehnnst** θähhta (**ähh**gjeh) **flohht**]
Gibt es das in einer anderen Farbe / Größe?	Er þetta til í öðrum lit / í annarri stærð? [**är**‿θ**ähh**ta **tehl** i öðrüm **leht** / i anareh **staird**]
Ich nehme es.	Ég tek þetta. [jäa‿**täk** θ**ähh**ta]
Wo ist eine Bank?	Hvar finn ég banka? [**kwar** fehnn‿jäa **baun**ka]
Haben Sie deutsche Zeitungen?	Eru til þýskt dagblöð? [**är**ü‿tehl θihsk dahblöð]
Wo kann ich telefonieren / eine Telefonkarte kaufen?	Hvar get ég hringt / keypt símakort? [**kwar** gjät‿jäa **hrihngt** / kjejft **ßih**makorrt]

Notfälle

Ich brauche einen Arzt / Zahnarzt.	Ég þarf að komast til læknis / tannlæknis. [jäa **θarf**‿að komaß‿**tehl** **laihh**gnehs / tannlaihhgnehs]